THINKING

设计思维工具箱
让学生学会创新

主　编　闫寒冰

副主编　吴　昭　郑东芳

INNOVATE

华东师范大学出版社
·上海·

图书在版编目(CIP)数据

设计思维工具箱：让学生学会创新/闫寒冰主编.—上海：
华东师范大学出版社，2023
ISBN 978-7-5760-3789-0

Ⅰ.①设…　Ⅱ.①闫…　Ⅲ.①设计学-小学-教学参考
资料　Ⅳ.①G624.63

中国国家版本馆 CIP 数据核字(2023)第 073926 号

设计思维工具箱·让学生学会创新
SHEJI SIWEI GONGJUXIANG·RANG XUESHENG XUEHUI CHUANGXIN

主　　编　闫寒冰
责任编辑　刘万红
责任校对　王丽平
装帧设计　刘怡霖

出版发行　华东师范大学出版社
社　　址　上海市中山北路 3663 号　邮编 200062
网　　址　www.ecnupress.com.cn
电　　话　021-60821666　行政传真 021-62572105
客服电话　021-62865537　门市(邮购)电话 021-62869887
地　　址　上海市中山北路 3663 号华东师范大学校内先锋路口
网　　店　http://hdsdcbs.tmall.com

印 刷 者　浙江临安曙光印务有限公司
开　　本　787 毫米×1092 毫米　1/16
印　　张　13.75
字　　数　292 千字
版　　次　2023 年 5 月第 1 版
印　　次　2023 年 5 月第 1 次
书　　号　ISBN 978-7-5760-3789-0
定　　价　58.00 元

出 版 人　王　焰

目 录

序 1

　　为什么要读这本书 1

　　本书的编写特点 1

　　本书的内容安排 3

　　本书阅读指导 3

　　主题一：食堂用餐记 4

　　主题二：遗失的彩虹 5

　　主题三：梦想改造家 6

第一章　设计思维，为科创教育赋能 1

　　一、科创教育与创新能力培养 1

　　二、设计思维概述 3

　　三、设计思维，助力科创教育 8

第二章　如何发现问题 10

　　工具一　同理心地图，带你破解最深层次的用户需求 10

　　工具二　小组讨论，激发灵感的有效途径 19

　　工具三　What？|How？|Why？帮你进行更深层次的观察 22

　　工具四　情境故事法，让你发现真实的需求 26

　　工具五　KANO 模型，教你识别良性创新 32

　　工具六　POV，帮你界定关键问题 39

　　工具七　直观投票，快速决策的好帮手 41

　　本章小结 43

　　本章练习 45

第三章　如何集思广益 47

工具一　How Might We，发现更多的设计机会 47

工具二　头脑风暴，提升讨论的质量和效率 51

工具三　SCAMPER，带你破解思维困境 56

工具四　九宫格，发散你的创新思维 62

工具五　世界咖啡，助你挖掘集体智慧 69

工具六　最终理想解，以终为始的思考问题 72

工具七　KJ 法，帮你理顺凌乱的思绪 76

工具八　二维象限，筛选排序有妙用 79

本章小结 83

本章练习 84

第四章　如何快速原型 85

工具一　草图绘制，让创新的想法更具有解释力 85

工具二　故事画板，讲述故事的连环画 89

工具三　物理模型，让抽象的想法具象化 93

工具四　角色扮演，成就你的明星梦 96

工具五　移动 Demo，动态展示你的方案 99

本章小结 102

本章练习 103

第五章　如何设计方案 105

工具一　用户画像，将你的对象刻画出来 105

工具二　设计简介，使你的陈述简明扼要 114

本章小结 120

本章练习 120

第六章　如何评估修订　　121

工具一　可用性测试,发现使用中的问题　　121
工具二　用户访谈,通过交流获取反馈　　126
工具三　反馈图法,系统分析反馈信息　　131
工具四　SWOT分析,全面解析优势与挑战　　134
本章小结　　138
本章练习　　139

第七章　如何演进发展　　140

工具一　后续步骤规划,制定详细行动计划　　140
工具二　服务蓝图,描绘精确的服务系统　　145
工具三　商业模式画布,探索整体商业视图　　149
工具四　故事法,有效传播价值和理念　　155
本章小结　　159
本章练习　　160

第八章　一线教学案例　　161

牛奶的变化　　161
画家凡·高　　167
全家自驾游　　173
调皮的小闹钟　　182
Are you sad?　　189
爱护眼睛　保护视力　　197

参考文献　　202

序

在这个全球联网、信息爆炸的知识经济时代,大到一个国家、一个民族,小到一个城市、一个家庭、一个个体,创新都是其生存和发展的核心灵魂和不二法则。然而,对绝大多数人而言,"创新"仍像一个"黑匣子",究竟什么是创新,如何创新,创新力是否可以培养,如何培养,都没有可行的方法。创新,不只需要开放的态度,更需要从本质上认识创新,了解创新的思维模式,掌握实现创新的方法技能。本书就从这几个方面入手,通过深入解读和方法加持,帮助读者们理解创新、实践创新。

为什么要读这本书

如果你不知道本书的价值在哪里,不确定它能不能帮到你,或是在犹豫着要不要选择,那么请先闭上眼睛,仔细想一下在你平时的学习过程中,是否遇到过以下困惑:

- 想要参加科创比赛,却苦于找不到创新的点子。
- 对于生活中发生的一件事情或一个现象,总是提不出真正有价值的问题。
- 对创新早有耳闻,但却缺乏对创新的系统了解。
- 总是被要求创新,但却从没人告诉你要如何创新。
- 了解过一些创新方法,但不知道如何选择,也不知如何应用。
- ……

如果以上困惑中有一个或多个正是你曾经或正在面对的,那么本书一定能够帮到你。

本书的编写特点

1. 以设计思维为核心方法论,追求其在中小学创新教育中的实践迁移

创新方法论可以适用于多个应用场景。比如说,成人的创业场景,往往需要面对商业环境;而中小学校的创新场景,现阶段则主要集中在科创活动、STEM 教育、创客教育。本书将

设计思维作为核心的创新方法论，并以中小学生的创新实践作为潜在的应用场景，对设计思维中的多个思维工具与方法进行精心选择、修订与打磨，大部分的工具方法、练习题目均是我们在"设计思维"工作坊中，特别为一线教师和中小学生准备，在反馈下不断优化、反复应用并得到充分认可的。我们希望这些努力，可以使这本书在应用场景中有更明确的指向，更有针对性地支持中小学教师和学生在创新教育的实践中活学活用。

2. 覆盖创新六步骤，追求全链条上的支持与助力

本书没有花大量篇幅阐述创新理论，而是以实际应用为导向，将创新的过程分解为六个步骤：如何发现问题、如何集思广益、如何快速原型、如何设计方案、如何评估修订、如何演进发展。这六个步骤，覆盖了人们在寻找创新解决方案中的整个行动链条。所有的思维工具，均与各个步骤相对应，并在每个步骤之后，特别安排了总结与自查问题。这样的安排，使本书的使用变得非常灵活，学习者既可以从头至尾、按部就班地针对每个步骤来学习与实践，也可以针对自己在创新中遇到的问题，在全链条中发现相应步骤，有针对性地学习并应用。

3. 多环节阐述与演练，追求思维工具的即学即用

不是每个孩子天生都是爱迪生，但创新的能力是可以后天培养的。当然，培养的过程需要经历必要的环节。美国的两位学者乔伊斯（Bruce R. Joyce）和肖沃斯（Bevery Showers）曾于 1995 年做过一次实证研究，他们针对同一个主题，采用理论、理论＋示范、理论＋示范＋实践、理论＋示范＋实践＋反馈、理论＋示范＋实践＋反馈＋指导这几种要素递增的方式来开展培训，然后看培训的效果，最后发现：（1）当培训方式仅有理论、示范和实践时，培训的迁移效果基本为零；（2）只有增加了适当的反馈和指导活动，培训效果才出现了迁移。这一研究，为"以促进迁移为目的"的学习带来了很多启发。本书在系统完整的创新全链条以及系列思维工具的基础上，为每种工具都设计了应用情境、案例分析、应用步骤、实践练习，以及各个步骤的总结与自查等环节。并且本书还潜在地内嵌了三大主题活动，可以围绕某一创新主题有机组织各个工具、全链条地体验创新解决问题的各个环节。这些设计的目的，都是为了促进所学内容的有效迁移。相信读者朋友们，只要认真地学习、揣摩，反复地实践练习，一定会有所收获。

本书共八章，包含六个创新步骤、三十个创新工具，这些工具的研究、应用并最终以简单易懂的方式呈现在教材中实属不易，凝结了研究团队的共同智慧。主编研究了设计思维的

理念、经典模型与工具，将这些工具对应到如何发现问题、如何集思广益、如何设计方案、如何快速原型、如何评估修订、如何演进发展六个设计思维过程之中。主编带领研究团队明确了全书的整体框架以及每种工具的呈现结构，并形成了贯穿全书的教学设计与实践线索。在这个过程中，郑东芳在收集设计思维工具，对工具进行基本介绍与初步应用设计方面做了大量工作。随后团队分工对精选出来的 30 个创新工具开展了更为深入的研究，并产出了适用于教育教学的工具介绍、应用情境、设计原则、实践案例等。郑东芳、单俊豪、常宇完成了第二章、第五章；王巍、苗冬玲、李玉完成了第三章和第六章；宫玲玲、赵一儒、袁春雪、迟佳惠完成了第四章和第七章；第八章为一线教学案例。在整个书稿完成后，吴昭完成了统稿和校对。

同时教师发展学院自主研发的设计思维工作坊也为本书中的部分创新工具提供了实践操作的机会。经过工作坊的多轮迭代，这些工具的使用情境、方法步骤、注意事项变得越来越清晰，也更加具有实践生命力，在此感谢宋雪莲、吴昭、刘齐对工作坊活动和工具应用的精心打磨，感谢魏非、樊红岩等老师对工具使用提出的宝贵建议。

本书的内容安排

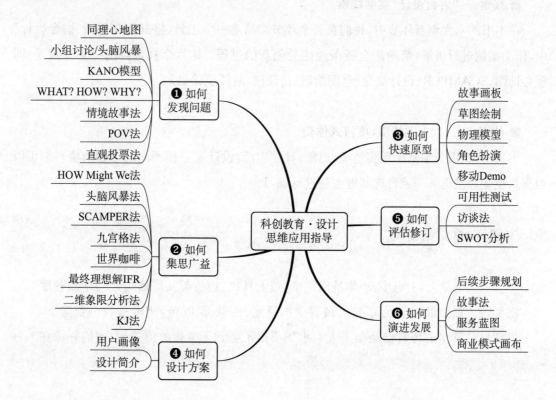

本书阅读指导

打开本书,显见的阅读线索有两种。一是从头至尾地学习、练习、实践与反思;二是根据创新过程中所遇到的问题,将本书当作工具书来选择性地使用。无论你是如何阅读,请记住如下建议:

1. 你可以根据自己的兴趣和需求自行选择要学习的工具,但建议在六大创新步骤中,每个步骤至少要挑选一个工具进行实践,以完整地体验创新的过程;

2. 每个工具都有最适合使用的应用情境,但并不存在冲突,建议根据自己的需求合理选用;

3. 多数思维工具是通用的,我们将某个工具放在某个章节中并不说明该工具只适用于该创新环节,可能只是更适合而已,读者根据需要合适选用即可。

除此之外,我们还准备了两大潜在的学习线索,帮助你在我们精心设计的主题下全链条、流畅地体验创新过程。

■ 线索一:"讲台设计"案例线索

在本书的六大创新环节中,我们在每个环节都精选一个工具,将其用在创新"讲台设计"中,作为案例进行讲解,帮助您全链条地感受创新的过程。这六个被选择的工具分别是:同理心地图、SCAMPER、设计简介、草图绘制、访谈法、后续步骤规划。

■ 线索二:三大主题情境,项目式体验

本书中,我们分别基于现实情境、想象、日常生活,设计了三种不同的主题情境。你可以根据兴趣爱好挑选其一或自选其他主题进行练习。

主题一:食堂用餐记

周二的早上,七点半,小华洗漱完毕,戴上耳机,边听英文广播边走向学校餐厅吃早饭。跟往常一样,点了自己最喜欢的豆浆、油条、茶叶蛋,刚准备找位置坐下,发现自己常坐的位置已经坐了人。小华不得不坐到了旁边的位置上,他们好像在

争论着什么竞标方案,大声吵嚷着……好好的英文广播也听不下去了,只好取下耳机专心吃饭。这会儿突然反应过来,豆浆有点凉,也想起妈妈总是嘱咐她的话:多吃水果蔬菜,饭要趁热吃,少吃油炸食品……她顿了一下,无所谓地笑了一下,然后继续大口地吃着……

(吃完后就赶去上课,一上午的英语课……)

上完课,小华看了看手表,12 点 15 分,嘴里嘀咕着:这会儿去吃饭不是明智的选择啊。一是人多,要排队很久;二是位置有限,很难找到合适的座位。于是就合计着先写作业,过半个小时避开人流高峰再去。时间滴答滴答地过去,小华做作业也是非常入神,一眨眼已经快 13 点了,小华这才意识到饿了,急匆匆地跑到食堂餐厅。令她暗自窃喜的是,这个时间点来用餐的人确实不多,心想终于可以安静、畅快地享受一个美妙的午餐了。她忙不迭地跑到"特色小菜"窗口,但顿时傻眼了,因为她发现自己喜欢的宫保鸡丁、牛腩、红烧肉……都已经卖完了,只剩下一些素菜和红烧土豆了。又看了看其他普通窗口,也基本没剩什么菜了,顿时吃饭的欲望减了一大半,只好随便点了两个蔬菜勉强地吃了几口,还剩了一大半,就沮丧地离开了餐厅。

(又是一下午的课程,因为中午吃得不好,下午 3 点小华的肚子就开始咕噜噜叫了……)

下午一下课,小华就第一个冲到餐厅,"抢"到自己最喜欢的饭菜,盛了满满两盘子,随手拿了一双还未完全烘干湿漉漉的筷子,就大口地吃了起来,三下五除二就吃了个精光。摸着自己圆鼓鼓的肚子,此刻的小华感到无比幸福。不管怎么说,也算是吃上一顿"愉快"的晚餐了……

◎ 问题

小华学校的校长了解到目前食堂的餐饮情况,决心要对学校食堂做一个根本性改革,斥巨资打造"智慧食堂"。关于该"智慧食堂"的设计,校长在校园内公开发布竞标方案,凡是被录用通过的方案,均可以获得一定数额的现金奖励。快来试试吧!

主题二：遗失的彩虹

　　彩虹岛上，有一个美丽而神秘的彩虹村，村庄不大，有 100 户居民。这里地处偏僻，四周环海，平时很少有人到访。也正是因为这里绝佳的地理位置，彩虹村山清水秀，四季如春，每到傍晚日落时分，抬头总能看到彩虹，彩虹村也因此而得名。

　　一直以来，彩虹村风调雨顺，村民们互帮互助、团结友爱，过着自给自足、小富即安的生活。直到有一天，一位旅行家的到来，这里的一切都被改变了。这位旅行家惊叹于这里的美景，并用相机记录了这里的一切。从那之后，彩虹村就变得热闹了起来，世界各地的游客纷至沓来，沉醉于这里"世外桃源"般的生活。

　　面对如此情境，彩虹村的村民又欣喜又忧虑。欣喜的是，一辈子都没走出过彩虹岛，没见过如此多种多样的人，对他们来说这真是件稀罕事；同时，游客的到来很快带动了当地经济的发展，是件好事。忧虑的是，彩虹村的资源有限，一天最多可以容纳 60 位游客上岛，而现在上岛的游客数量都在暴增，最多的时候一天要接纳 200 位游客，远远超过了彩虹村的负荷，出现了一系列资源短缺的现象：食物供不应求、住房资源不够……此外，随着越来越多游客的到来，也带来了一系列的污染和破坏问题：垃圾污染、饮用水源污染、植被破坏……

　　现在的彩虹村每天都挤满了人，已经影响了当地居民的正常生活。由于短时间内资源的过度消耗与遭受环境污染，彩虹村似乎也向村民发出了"警告"：彩虹很少出现，再也不会像之前那样每天傍晚时分都能抬头看到彩虹了……

◎ 问题

　　如果你是彩虹村的村长，面对如此情境，你痛心不已，发誓一定要拯救彩虹村，寻找遗失的彩虹。你会怎么做？

主题三:梦想改造家

这个学期,学校要举办一个"梦想改造家"的活动。要求学生仔细发现生活,寻找生活中的物品哪些是值得被改造的,选择一个物品进行改造。学校将会从创新、可行、有趣等方面进行综合评估,选出 10 位优胜作品,为其提供一大笔梦想基金,用以支持其梦想的实现。

快来试试吧!

第一章　设计思维,为科创教育赋能

随着科学技术日新月异的发展,科创教育成为培养学生科学素养与创新能力的主要载体。在此背景下,科学创新、STEM 教育、创客教育应运而生,受到世界各国的普遍关注,越来越多的国家开始重视创新人才的培养。早在 2015 年,李克强总理在政府工作报告中指出,要推动大众创业、万众创新,随后国务院办公厅也印发了《关于发展众创空间推进大众创新创业的指导意见》。教育部于 2016 年发布了《教育信息化"十三五"规划》并明确强调,要积极探索信息技术在"众创空间"、跨学科学习(STEAM 教育)、创客教育等新的教育模式中的应用,着力提升学生的创新意识和创新能力。2017 年 3 月,由中国教育学会发起的科创教育联盟在北京成立,致力于打造具有中国特色的 STEM 课程及评价体系,引领创新人才培养模式的发展。在政策、示范性的实践引导下,当下的科创教育呈现出了创新、多元、开放、跨界的特点,强调学习理念、学习方式及学习策略的变革,其教育目标指向学生 21 世纪核心竞争力的培养,聚焦于学生的问题解决能力、创新意识、创新思维及创新能力。

一、科创教育与创新能力培养

科创教育主张开放、自主、探究、创新、实践的学习理念和学习方式,已渗透到越来越多的"正式学习"及"非正式学习"中。如在科学创新的项目中,不同级别的创新科技大赛为学生提供了实践创新的平台;在 STEM 教育中,5E 学习法、工程设计学习法、任务驱动法、问题探究法等学习方式充分鼓励学生的自主探究实践,通过解决真实情境问题来培养学生的跨学科思维能力及解决问题的综合能力;在创客教育中,学生通过提出各种新奇的想法并将其变成现实,来发展独立的创造性思维及创新能力。当前的科创教育类资源,多以 STEM 及创客课程为主,大体上可以分为两大类:一类是借鉴国外的 STEM 课程体系设置,一类则是根据本土化需求直接开发,其中多数是基于项目式设计,以 Arduino 电子板、Scratch 编程、3D 打印、乐高等为依托,学生主要通过完成项目实体的搭建和程序编写来完成任务。然而,当前的科创类教育资源虽呈现出"百花齐放"的好势头,各课程资源的目标也往往会标明"动手实践和创新能力培养",但其中绝大多数仍是以学习学科知识、按部就班的搭建操作为主,虽然有创新要求,但却缺乏创新方法的加持,没有凸显创新能力和问题解决能力的培养,课程教学中缺少有效支持学生创新的教学策略。为此,科创教育在创新能力培养方面需要更多的努力。

1. 科创教育需要创新方法论

创新不是简单的动手实践,完全靠自主探究也不能自然发展创新能力,科创教育需要方法论的支持。在真实的学习中,学生们难免会产生这样的疑问:究竟什么是创新,怎样做才能算是真正的创新,创新有方法可循吗? 其实,创新并不是天才的特有专利,创新能力是可以培养的,是所有学习者都应该具备的思维技能。支持创新能力培养的方法论可以指导学生产生创新想法,帮助学生发现问题、解决问题、开发产品、交付产品。有了支持创新能力培养的方法论体系,科创教育才具备创新的灵魂。

2. 科创教育需要一套完备的引导工具包

有了一套完整的创新方法论体系的支持,学习者是不是就可以轻松地实现创新了? 答案是否定的。就像教师告诉学生创新的第一个阶段是尽可能多地发现生活中的问题,第二个阶段是要就这些问题尽可能多地生成解决方案……但是如何发现问题,如何发掘出更好的创意,很多学生都需要更具体的支持和引导。因此,为学生的创新思维过程提供工具支持是非常必要的。

3. 科创教育需要发展学习者的全脑思维模式

"右脑是创新力的源泉",这句话背后是有理论依据的。事实上,左脑主要负责理性和逻辑,右脑主要侧重形象与情感。正如国际设计大师约翰·赫斯科特(John Heskett)所述,设计是实用性和意义性的结合体,实用性强调的是左脑思维,意义性强调的则是右脑思维。我们平时学习常用的科学思维则属于左脑思维,其更加强调通过分析现有的事实来确定问题解决方案。科创教育所强调的设计创新,属于一个全脑的思维方式,需要左右脑的有效互补,共同致力于创新能力的提升。

4. 科创教育贵在鼓励探索热情,而非囿于"高大上"的创新实验室

有这样一个真实的故事:在 2018 年第 69 届英特尔国际科学与工程大奖赛(Intel ISEF)

上，一名爱尔兰中学生的研究课题引起评委们的关注。为了防治水污染，他巧妙地利用油滴吸附水中的塑料颗粒物。更有趣的是，在完成整个创新项目过程中，他使用的显微镜等设备原件，竟然全部通过"网上购物"获得。可见，随着新兴科技（如 3D 打印、开源硬件平台等）的发展，科创的成本逐渐降低，价格昂贵的"高大上"创新实验室已不再是科创教育的必须。由此，科创教育更应该关注如何营造一个适宜的软环境，鼓励学生多试错，给予学生更多的鼓励和赞扬，以引导和培养学生对科创的热情和兴趣。

二、设计思维概述

针对上述科创教育面临的问题和挑战，纵观现有的教育研究领域，还很难找到适当的解决办法。而设计思维作为一套支持学习者创新思考和问题解决的方法论，是工程设计、社会科学和艺术科学的有机融合，可以有效弥补科创教育中创新力培养不足的问题。设计思维源于设计工程领域，已被广泛地应用于工程、艺术、设计、管理等领域。在教育领域，设计思维也被越来越多地应用于高等教育及基础教育，如美国斯坦福大学、德国波茨坦大学、日本东京大学、法国巴黎高科大学等国际著名高校纷纷成立了设计思维学院；世界著名设计公司 IDEO 与美国纽约的一所私立高中河谷学校（Riverdale Country School）联合开发了设计思维工具包以培养学生的创新力。此外，越来越多的科创比赛将设计思维作为指导学生设计创新的核心思想，越来越多的人和机构意识到了设计思维对思维创新的积极作用，也有越来越多的教育机构将设计思维方法整合到课程中去，甚至研发生成自己的设计思维流派。

1. 设计思维的概念内涵

设计思维，源于英文单词 design thinking，也被称为设计思考，即像设计师一样思考。现阶段，设计思维虽被广泛地应用于多个学科领域，也拥有一套较为成熟的理念和方法，但关于设计思维的概念内涵，目前还是众说纷纭，没有统一定论。概括来讲，关于设计思维的说法主要存在以下几个版本：（1）方法论说，认为设计思维是一套用于支持设计创新、问题解决的方法论体系；（2）思维方式说，认为设计思维即设计师思考、解决问题的思维方式，它描述的是设计的心理过程而非设计结果；（3）创新过程说，认为设计思维是一个通过不断构思、评价并不断迭代，最终找到问题解决方法的创新过程。究其本质，可以将设计思维理解为支持学生进行设计创新的"使能"（enabling，使之能）方法，其具体包含两层内涵：一是从思维方式上为学生提供设计创新的一般流程和步骤，转变学生思考问题的方式，帮助学生习得创新思考的认知加工路径；二是从工具方法上为学生提供一套系统完整的思维工具包，帮助学生在具体的设计创新过程中学会发现问题并探索问题，提升学生的思维质量。

2. 设计思维的发展

设计思维的概念由来已久，早在20世纪60年代，一些设计师就在寻找设计方法论，以支持创新设计。与自然科学方法不同，设计方法旨在从更广泛的意义上理解和改进设计过程与实践。例如赫伯特·A.西蒙（Herbert A. Simon）1969年在其著作《人工科学》(*The Science of the Artificial*)中就提到了设计的逻辑：自然科学揭示的是事物之间的物理属性，即事物是怎样的；而设计关心的则是事物应该是什么样子的，如何才能设计出更接近标准的人工制品。随后，罗伯特·麦肯姆（Robert McKim）于1973年出版了书籍《视觉思维的体验》，对工程设计领域中的设计方法做了更多具体的阐述，并提出了视觉思维的观点。20世纪八九十年代，罗尔夫·A.法斯特（Rolf A. Faste）进一步拓展了麦肯姆的研究成果，将设计思维看作是一种创意活动形式，并将该理论带到了斯坦福大学，成立了"斯坦福联合设计项目"。直到1987年，彼得·罗（Peter Rowe）发布出版了《设计思维》一书，介绍了设计方法在建筑设计中的具体应用，"设计思维"一词才首次出现在公众视线中，开始被正式使用。1992年，理查德·布坎南（Richard Buchanan）发表了文章"设计思维中的难题"，进一步丰富了设计思维的理念，扩大了其影响力。之后，设计思维作为核心思想广为流传，相继出现了一些组织和商业化机构。如IDEO设计咨询机构于1991年成立；由SAP的创始人之一哈索·普兰特纳（Hasso Plattner）赞助的"斯坦福大学哈索·普兰特纳设计研究院"于2005年在斯坦福大学工程学院成立，并专门开设了设计思维课程；德国波茨坦也于2007年设立了设计思维学院。简单来看，设计思维就是20世纪人们在方法论层面对设计的不断探索、整合和创新，可以将其视作设计过程中隐含的思维方法。该方法强调以要达成的目标入手，通过不断的探索、构思、原型、迭代，以不断探寻更好的问题解决方案。设计思维在很大程度上改变了人们创新的方式，设计思维支持下的创新过程是动态的、迭代发展的、反思式的、快速的，更是以人为本的。

3. 设计思维的思维模式和工具方法

设计思维方法论包含了一系列设计阶段、设计活动和设计方法，在创新产品或服务方面支持劣构问题的解决。相应地，根据不同的设计阶段、活动和方法，设计思维也存在多种模式，下面将重点介绍几种典型的设计思维模式。

(1) 斯坦福大学 d. school 的设计思维模式

EDIPT 是 d. school 推出的一种设计思维模式,该模式包含了同理心、定义问题、构思、快速原型、测试五个阶段,每个阶段都包含了对应的阶段目标、实施原则及具体的方法工具。此外,d. school 还对他们所开设的"设计思维训练营"所使用的教学方法加以整理,开发了支持设计思维训练的工具包 d. school bootcamp bootleg。

在此基础上,为了将该思维方法更好地带入课堂,赋予更多幼儿园到高中阶段的学生创造力自信,d. school 与当地的学校和教师进行合作,探究如何将设计思维更好地应用于教与学。在此过程中,d. school 将 EDIPT 模式扩展为六个步骤,分别为:理解、观察、观点(POV)、构思、原型及测试。

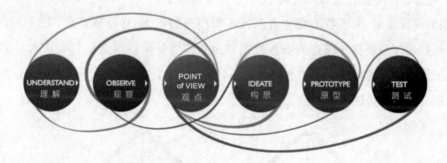

(2) IDEO 倡导的设计思维模式

蒂姆·布朗(Tim Brown),全球知名的创新设计公司 IDEO 的总裁,将设计思维的过程分为了三大块:灵感、构思、实施,并将其定义为"创新空间"(Spaces of Innovation)。

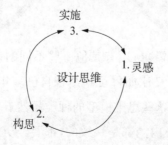

此外,IDEO 与纽约的一所乡村学校联合开发了面向教育工作者的设计思维工具包,为设计思维在幼儿园到高中教育中的传播和应用提供了系统的实施流程及方法。该模式将设计创新过程划分为五个步骤,分别是发现(Discovery)、解释(Interpretation)、构思(Ideation)、实验(Experimentation)和演进发展(Evolution)。

阶 段

1 发现	2 解释	3 构思	4 实验	5 演进发展
我有一个挑战	我学到了一个东西	我发现了一个机会	我有一个想法	我尝试了新鲜的东西

步 骤

1-1 理解挑战任务	2-1 讲述故事	3-1 收集想法	4-1 制作原型	5-1 跟踪学习
1-2 准备研究	2-2 寻找价值	3-2 优化想法	4-2 收集反馈	5-2 继续向前
1-3 收集灵感	2-3 定义机会			

(3) 英国设计协会的双钻石模式

在服务设计领域,为了帮助服务者深入了解用户的行为、喜好和需求,发现生活中更多潜在的问题,通过重新设计现有的服务或创建全新的服务来探寻真正符合需求的问题解决方案,英国设计协会专门开发了一套设计方法,以更好地支持服务设计。该模式分为四个部分,每个部分都有对应的工具方法。

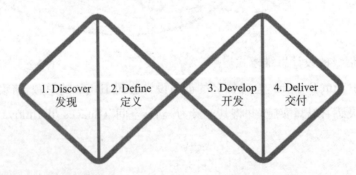

与之类似,根据不同的领域需求,还有其他一些不同的设计思维模式,比如将设计思维应用于图书馆设计的贝尔模式,又比如鲁百年结合自己多年的创新设计经验重构的创新设计思维六大步骤等。究其根本,这些思维模型的种类虽然五花八门,但无论它们从哪个角度对设计的过程进行界定,其核心内涵都是一致的,都要经历发现问题、集思广益、快速原型、

设计方案、评估修订、演进发展的过程。

4. 本书的设计思维模式及工具方法

基于上述几种国外的设计思维模式，本书对其结构进行了本土化重构，并修正了很多原始的方法，将思维工具、应用情境、案例分析、应用步骤、实践练习等制成课程工具包，尽可能地降低学习者的使用难度。这里的设计思维框架由六个步骤组成，分别是：如何发现问题、如何集思广益、如何快速原型、如何设计方案、如何评估修订、如何演进发展。这六个步骤环环相扣，是一个循环迭代的过程。

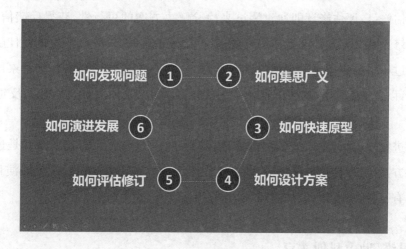

如何发现问题：这个环节强调了发现问题和定义问题两个关键点，即学生通过观察探索真实的生活情境，能够自主发现潜藏其中的问题并定义问题。该环节非常强调同理心，即学生需要完全站在"被观察者"的角度来体验、思考，真正地挖掘"被观察者"的需求，然后结合实际情况和目的将问题定义、明确下来。培养其发现问题的能力，这在创新问题解决过程中也是非常关键的一点。该阶段常用到的工具有：同理心地图、What? How? Why?、情境故事法、POV、KANO 模型等。

如何集思广益：在发现并定义了要解决的问题之后，接下来就需要对问题提出尽可能多的解决方案，这就是集思广益的过程。该阶段非常强调问题解决方案的大量生成，关注想法的数量而非质量，并在此基础上挑选出一个或多个兼具创新、可行性并被广泛认可的想法进入下一阶段的方案设计环节。该阶段常用的工具有：头脑风暴、SCAMPER、How Might We、九宫格、世界咖啡等。

如何快速原型：该阶段是想法的"原型"过程，是指通过概念模型或实体搭建呈现出具体的想法或解决方案的过程。该过程非常强调"快速",不纠结于材料的选择和模型的完美度,重在关注功能的实现及是否真正解决了问题。该阶段常用的工具有:故事画板、草图绘制、物理模型、角色扮演、移动 Demo 等。

如何设计方案:通过前面几个环节,针对要解决的问题已经生成了大量的想法,并对这些想法的可行性进行了简单的筛选和判断,接下来就是想法的具体实施了。在真正实施之前,学习者需要先界定清楚自己的设计方案,即自己的目标用户是谁、用户需求有哪些、解决方案是否真正解决了问题等。该步骤往往不能一蹴而就,需要在后续环节中不断地对方案进行修订完善。该阶段常用的工具有:用户画像、设计简介等。

如何评估修订:评估修订即通过测试来检验解决方案的可行性,获得反馈信息,以便接下来进一步修正解决方案甚至最初的想法,以更接近正确的方向,逐渐生成更佳解决方案的过程。实施过程中要注意让真实用户参与体验,不断询问开放性问题,仔细观察用户表情及肢体语言等,以获得更多潜在的信息。常用的工具有:可用性测试、访谈法、反馈捕获网格图等。

如何演进发展:通过对原型的测试评估,获得了用户反馈信息,接下来就是进一步优化与实现解决方案、分享传播创新想法,即针对创新想法或解决方案进一步发展演化。该阶段常用的工具有:后续步骤规划、故事法、服务蓝图、商业模式画布等。

三、设计思维,助力科创教育

1. **设计思维为创新力的培养提供了一套系统的方法体系和配套思维工具包。** 在创新方法上,设计思维为学生的创新提供了一套完整可遵循的流程,引导学生掌握创新的方法;在思维工具上,设计思维针对每个创新环节都配套有一系列工具,帮助学生真正掌握创新的技能。如此,在科创教育中,创新力的培养就不再像是个"黑匣子",设计思维的应用使其变得真正透明且可操作。

2. **设计思维强调对右脑的开发,促进学习者全脑思维的发展。** 设计思维之所以能引起包括商业、设计、工程等领域的广泛关注,是因为与传统思维相比,设计思维改变了人们思考和解决问题的方式,是传统意义上科学思维的有效补充。科学思维强调分析性、逻辑性等左脑思维,通过分析现有的模式和事实来确定问题解决方案。而设计思维则更多地强调直觉性、发散性、想象力等右脑思维,其不拘泥于现有的模式,通过促进新模式的发明创新来实现新的可能性。如此,设计思维的应用,可以弥补运用单一左脑思维来解决复杂创新问题上的不足，从而促进全脑思维的发展。

	传统思维方式（左脑）	设计思维（右脑）
根本假设	客观、理性，事实不变论	主观、依据经验，事实是人为建构的
对象	解决"物与物"之间的关系	解决"人与物"之间的关系
起始点	从某个问题入手	从所要达成的目标效果入手
方法	通过层层分析找到最好的答案	通过不断试验迭代，寻求更好的答案
过程	线性思考，不断做计划，强调步骤的正确性、验证性和严谨性，是一个逐渐创新的过程	非线性思考，不断动手做，迭代构思，重视设计的深度，是一个打破规则、破坏性创新的过程
决策	依靠逻辑推理、数字模型	依靠情感洞察、经验模型
特点	强调分析性、逻辑性等左脑思维	强调发散思维、形象思维、创新思维等右脑思维
价值观	追求稳定，对不确定感到不安	追求创新，不满足于现状

3. 设计思维鼓励快速试错，有利于培养学生的创造力自信。 不同于一般的科学探究方法，在问题的创新过程中，设计思维更能接受问题界定的模糊性，强调好奇心和同理心，要求延迟评判，最大限度地鼓励各种狂野想法的生成。此外，设计思维强调的"快速原型"过程，不受限于"高大上"的创新实验室，更是为各种看似"天马行空"想法的实践提供了快速试错的机会，鼓励并支持学生的大胆尝试。同时，实践表明，设计思维在课堂学习中的应用能够有效地促进学生积极主动地参与到团队学习中去，为学生的主动探索及表达自我提供机会。在这样的设计创新过程中，学生能够像成熟的设计师一样思考，大大增强了其创造力自信，从而更有效地激发学生的科创热情。

第二章　如何发现问题

....

　　你是否有过这样的经历：把汽车安全带坐在屁股底下，把密码写在手上，把衣服挂在门把手上，把自行车锁在公园长椅上……你通常对这些"不假思索"的行为毫无意识，而这恰恰反映了连我们自己都不自知的潜在需求[1]。这些潜在需求正是人们开展创新活动的启动引擎。

　　如何打破常规、转变思维方式，以便在日常生活中敏锐地发现问题，获得重要的创新契机呢？行之有效的方法就是观察和换位思考。本章中，我们将重点讨论几种支持发现问题的工具，以帮助我们形成对问题的敏感度，挖掘更多、更具意义的潜在需求。

工具一　同理心地图，带你破解最深层次的用户需求

应用情境

- 对用户进行分析，希望从多个角度理解他们以获取现实需求时
- 需要完全站在用户角度考虑问题时

　　同理心（empathy），又称为移情、共情、换位思考等，即不带任何评价，设身处地地感受他人的处境、情绪及情感等[2]。同理心的应用越来越受到世界各国创新人才的追捧，其重要性更是被一些主流媒体宣传报道。美国最具影响力的杂志之一《快公司》（*Fast Company*）将"同理心"评为最具影响力的领导工具，《哈佛商业评论》更是称"同理心"为哈佛大学商学院里讲授的最具价值的一件事。那么说到同理心，就不得不提到同情心，这两者之间有哪些异同点呢？下面先来阅读一则心理小故事，体会同理心与同情心的不同。

我也是一朵蘑菇[3]

从前有个人患上精神病，总喜欢撑着一把伞蹲在路边，唯一会说的一句话是："我是蘑菇，我是蘑菇。"路人有的绕道而行，有的嘲笑他疯癫，也有一些好心人会施舍一点硬币，悲悯地请上帝宽恕这个可怜的人。有一天，一个医生也撑了一把伞，蹲在他身边。他转过头疑惑地看着医生，开口问："你是谁？"医生笑着对他说："我也是一朵蘑菇。"

心理学家戈尔曼指出：同情心是指对别人的遭遇感到同情，但并不一定能体会到和别人一样的感受；而同理心起源于一种对他人困扰的身体和心理"模仿"，通过"模仿"引出相同的感受。

同样地，在他人分享处境时，我们不应该站在旁观者的角度让痛苦者挤出"快乐"，他们更需要的是有人与他们建立连接，和他们站在一起，体会到他们的痛苦，体会他们当下的感觉，学会以同理心去感受和理解对方，表达感受。同理心帮助我们理解处境、快速融入，抓住不易发现的关键问题，从而推进事情向好的方向进展。

说说你对同理心和同情心的理解。

_____

_____

案例分析

专为老年人设计的餐具：Eatwell[4]

Eatwell，是一款专为老年人设计的餐具，创意源于中国台湾设计师姚彦慈对外婆的爱。自从她的外婆得了阿尔兹海默氏症后，逐渐丧失自主能力，连吃东西都变得很困难，她非常希望能借助设计帮助外婆和更多认知障碍病人。为此，她花了一年半的时间，除了研究搜集相关资料，也实地到老人中心和疗养院做义工，观察并发掘失智症患者的需求；此外，她积极从日间成人照料中心的治疗师、护士社工以及患者家庭身上汲取各种专业知识。从2010年开始研究，到2014年做出样品，并拿到斯坦福的设计竞赛一等奖，4年多时间里，姚彦慈将全部的心力放在Eatwell的设计与改良上。

乍一看,这套餐具不过是些色彩丰富的托盘、碗、杯子、汤匙而已,似乎没什么特别之处。实际上它有多达 21 处创新点。包括:杯盘的角度都经过科学计算,盘子和汤匙的弧度刚好可以吻合,方便喝汤;碗的其中一侧呈现直角,可防止食物泼出;鲜亮的颜色可以刺激患者多食用 24%的食物和 84%的液体;杯子内部的高低差设计,使吸管可以自然地固定,让使用者可以轻易喝到水;就连托盘,也贴心地设计成可以绑住围兜,接住掉落的食物,避免衣物沾染污渍。这样一套关注细节的创新设计,不仅方便使用者独立进食,维持并鼓励其自主性,另一方面也减轻照顾者的负担。

2017 年,Eatwell 在美国募资网站 Indiegogo 成功募集到 7.6 万美元的资金,产品进入到量产的阶段,真实地开始改变老年人的生活。

我们可以想象一下,面对老人进食时遇到的不方便、易倾倒等问题,一个具有同情心的人会怎么做呢? 他们会多些打扫、多些笑脸,不抱怨也不埋怨,这是源生于善良的行为。而一个具有同理心的人会怎么做呢? 他们会设身处地地站在老年人的角度去理解事情为何会发生,应该如何避免。同情心和同理心都是美好的,而相比之下,同理心更是一种能力,一种启动问题解决行为的能力。显然,姚彦慈不仅具有同情心,她还具有同理心,于是才有了 Eatwell 这套创新产品。那如何才能发展同理心呢? 同理心地图可以在这方面有所助力。

同理心地图(Empathy mapping)是由国外一家名为 XPLANE 的公司开发的,旨在帮助调查人员对被调查/观察人员所处的环境、行为、关心事项及内心活动进行深入了解,从而为改进产品质量、研究开发新产品、提升用户满意度等提供充分的依据。下图是同理心地图的常见结构:

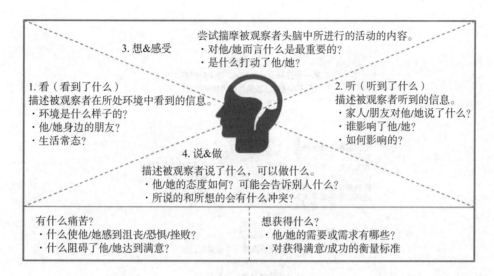

在同理心地图中,"看""听""想＆感受""说＆做",都是观察者换位思考,站在被观察者角度所进行的描述。"有什么痛苦"和"想获得什么",是观察者通过观察进行的提取和总结,这一部分的内容,不但可以通过观察进行梳理和判断,还可以通过访谈来获得信息。

让我们以"如何解决司机焦虑"为例[5],来看看同理心地图在解决真实问题中的应用:某公司专营汽车,希望优化汽车的仪表盘设计。为此,派出了多名调查人员,要求他们跟随被调查者(司机),了解司机驾驶时的真实感受,特别运用了同理心地图来辅助开展情景调查。下面三张图,就是三个调研人员带回来的同理心地图。

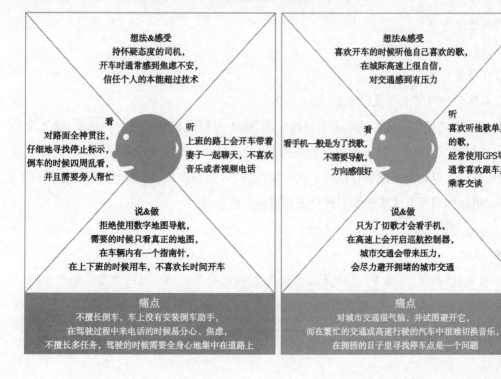

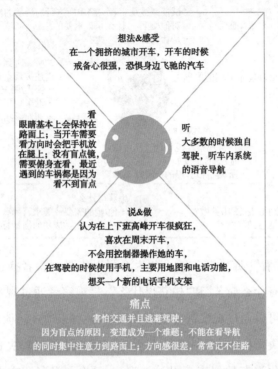

公司的调研团队在调研基础上，对所收集的数据进行分析整理，厘清各个调研结果之间的关系。通过分析，调研团队发现司机们的"痛点"主要是"驾驶焦虑"。而产生驾驶焦虑的原因包括以下几点：

- 驾驶技能差
- 驾驶时需要执行多任务
- 存在视觉盲区
- 在不熟悉的道路上寻找停车点、加油站等

这些痛点都是导致司机驾驶焦虑的直接原因，基于司机这些真实的行为感受，接下来公司就可以优化"仪表盘的设计"，为司机们提供针对性的解决方案，如通过驾驶模式、情境模式、自动回复模式等功能来减少驾驶时手机带来的分心，以减轻司机的焦虑；通过停车助手、自动提示、道路标识等方式来缓解司机对未知道路的焦虑等。

◇◆ 活动

请你以"教师"为对象，看看怎么样的讲台环境，有利于他/她的教学。5—6 人一个小组，亲临现场观察，绘制同理心地图，并生成完整的事实陈述。

应用步骤

（1）对象的选择。根据具体的研究问题选择合适的用户群体进行观察研究，如要研究的是健康问题，则研究对象可以是医生、护士、病人等；若研究的是安全问题，则研究对象可以是紧急救护人员、消防员、警察等。

在这个例子中，研究对象是教师，观察者要观察教师在讲台上的一系列行为动作等。

（2）在大白纸上画出同理心地图的六个区域模块，观察并填充该地图的各个模块。当多人共同操作时，建议使用便利贴。需要特别注意的是，每张便利贴上只能写一句话，表达一个意思；每句话都是对客观事实的描述（如"由于讲台高度的原因，教师需要弯着腰上课"），而非主观的价值判断（如"教师上课时很辛苦"）；注意每个意思表达的完整性和准确性。

☆★ 提示

一般情况下，该步骤往往需要观察者亲身跟踪观测研究对象的整个活动过程，或是对研究对象施以访谈，这样的效果最佳。但从理解同理心地图、学习同理心地图的角度而言，可以采用虚拟观察的方式，提前根据研究问题录制一段几分钟的小视频，然后学生们反复观看并利用同理心地图进行记录。如：提前录制一段"教师在讲台上正常授课的视频"，之后学生们统一观看视频，然后在大白纸上填充各个模块的内容。

(3) 归类和挖掘。当前所绘制的同理心地图,是以"看、听、想&感受、说&做"为分类的,这种分类有利于观察者站在被观察者的角度来发现问题。在"归类和挖掘"这一步,应考虑从更便于分析的角度来分类。将便利贴全部打散,以新的类别整理分析被调查者的话语、情境、动作及感受,将意思相同的便利贴归为一类。

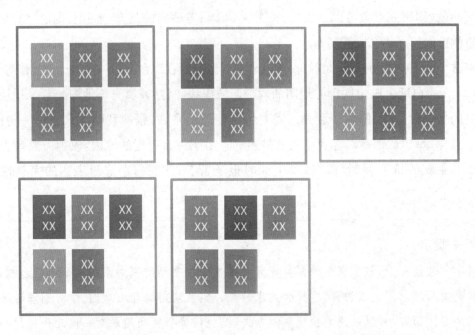

☆★ 提示

当不同的调研者带回来同理心地图后,需要进行合并整理,将收集到的所有便利贴打散,不再保留第(2)步骤中的归类方法。在合并的过程中,必然会遇到一些重复的信息,这时要注意将无效信息删除,将重复信息归并。此时的便利贴往往来自多个小组,分类方式也不必再遵循"看""听""想&感受""说&做"的分类方式。可以用更有逻辑、更加有效的方式来分类。如在"讲台设计"过程中就可以按照灯光、多媒体、教学过程、环境等多个角度对第(2)步骤中产生的便利贴进行归类。

(4) 连接。分析不同类别的内容,重点关注不同类别内容之间的相关性及矛盾冲突。

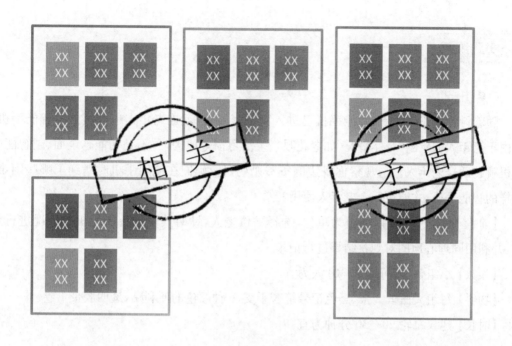

☆★ 提示

　　在活动中,不同类别内容之间的相关性比较容易理解,那这里就重点解释一下为什么会出现"矛盾"。就拿讲台设计举个例子,由于不同老师之间存在的差异,可能学生在观察身高比较高的老师时就会发现讲台高度太低了,而有些学生在观察身高不太高的老师时又会发现讲台的高度其实是正合适的。这就存在了矛盾冲突,遇到这些问题,需要聚焦分析原因。矛盾往往是容易产生创新的地方。

　　(5) 检查、归纳与提炼。邀请其他人检查自己的同理心地图并提出改进建议,归纳描述其中存在的问题。

　　(6) 定义问题。针对上述过程中发现的问题,结合实际情况,选择你真正关心的、有意义且可操作的问题,并将它描述出来。

　　通过以上六个步骤,观察者们可以从用户的角度出发,从看、听、想＆感受、说＆做多个维度真实理解用户的感受、需求及痛点,有助于发现平日里习以为常却又确实存在干扰的问题。

实践练习

○● 任务

随着科技的飞速发展,智能手机已进入到千家万户,就连老年人也都换上了智能手机。但由于老年人的年龄、身体情况(如老花眼)、生活习惯等原因,并不是功能越全面、越智能的手机就越适合老年人。请观察你身边的爷爷奶奶,他/她们在使用手机时遇到了哪些困难,怎样的智能手机,才能更适合老年人使用?

【前置工作】个人或以小组为单位,选择一位老人,针对其使用智能手机的情况进行观察,并利用同理心地图对观察结果进行记录。

【人数】小组合作,每组 3—10 人为宜。

【物料】每组大白纸 2 张,黑色记号笔若干支,6 种颜色的便利贴,透明胶带 1 卷。

【时长】建议每轮 20—30 分钟为宜。

交流讨论

(1) 同学之间互相分享自己是如何观察的。思考从观察的时长、时间段、观察情境、观察对象来看,现在的观察是否全面,可能存在什么问题? 如果再有这样的观察任务,自己会怎样去完成?

(2) 一个小组的同学,利用便签纸将彼此的观察记录都记录在同一个"同理心地图"上。

(3) 小组之间互相展示所绘制的同理心地图,依序开展"归类和挖掘""连接""检查、归纳与提炼""定义问题"等步骤。

(4) 分享所发现的问题,哪些问题是之前从未想到的? 哪些问题是你们真正关心的?

(5) 各小组定义你们要解决的(具体)问题,并分享交流。

(6) 反思小组在进行活动的过程中,有没有遇到困难,是如何解决的,哪些困难仍未解决?

关键提醒

在同理心地图中,我们的研究对象不是一个人,而是一个群体。比如讲台的设计,研究对象就是教师群体,其中包括了不同学科/性别/身高/体形的教师,我们最终生成的用户角色的特征也应该代表着整个群体。

同理心地图活动的结束正是创新解决问题的开始。学习使用同理心地图,实际上是在培养一种从对方角度看问题的能力,这种能力对于发现问题非常重要。

工具二　小组讨论,激发灵感的有效途径

应用情境

- 希望从日常生活中寻找问题机会时
- 希望寻找研究主题/创新项目时

问题源于生活,好的问题常始于现实世界中的困难和对理想状态的追求,比如说:

对自己生活造成困扰的事物;

遇到的麻烦和听到的抱怨;

看到的新闻、广告;

对生活的更高需求/标准;

对物品/方法等的创意改造;

……

在面对这些产生问题的机会时,开放式的思考与讨论是激发灵感的有效途径。

案例分析

可口可乐[6]

可口可乐是比较受欢迎的一种饮料,受到世界上很多人的喜爱。但是,有个地方,可口可乐的销量却始终低迷,这个地方就是罗马尼亚。根据可口可乐公司的市场调研显示,有40%的年轻人在一个月内都没有购买记录。为了解决这个问题。他们开始对罗马尼亚进行观察,最终察觉到了一个现象:罗马尼亚的年轻人有自己的爱好,即参加音乐节。这个现象

如何才能利用起来呢？带着这个问题，公司负责人带领员工们开始进行头脑风暴，在经过一次又一次的头脑风暴后，他们产生了一个想法——"The Featival bottle"。

"The Featival bottle"，音乐节瓶，抓住人们喜欢参加音乐节的特点进行设计。在瓶身的包装之上，多加了一条具有音乐风格的可口可乐腕带，这条腕带的特别之处就在于附带的条形码，其实是一个抽奖链接。购买过可口可乐的人可以通过手机扫码，来得知自己是否成为了获奖的幸运儿。而这个奖，就是各个青年非常想拥有的出入各大音乐节的门票。

上述案例，是在现实生活中寻找到了问题，并针对问题，开展小组讨论或头脑风暴活动，以低成本的、可行的方式找到了解决方案。事实上，很多科学发明的最初动因，都来自对现实情形的不满与改进。

应用步骤

(1) 寻找发现问题的机会。

√ 回顾在日常生活学习中所用过的物品，有哪些困扰过你的问题？

√ 在经常行走的路上，存在着什么障碍？对行动不方便的人或老年人是不是障碍？

√ 你经历过最糟糕的服务流程是什么？为什么会是糟糕的服务？

√ 你最近是否有过解决问题的经历，或制定了一个解决问题的方案？现在对它进行反思，在哪些方面可以进一步完善？

√ ……

(2) 罗列所发现的问题。

问题现状的描述	问题发生的原因	问题带来的不便

(3) 选择要解决的问题。在上述问题列表中，选择一个问题展开具体研究。可以通过思考如下问题来确定你要展开研究的方向。

√ 哪个问题是你最感兴趣的？

    √ 哪个问题的解决最有价值?

    √ 解决哪个问题最为迫切?

    √ 哪个问题最容易解决?

（4）剖析问题。针对选择的问题,思考并探索如下问题。

    √ 该问题会给人们带来哪些不便?

    √ 该问题产生的原因是什么?

    √ 采取哪些措施能够改善或解决该问题给人们带来的不便?

（5）撰写问题概述。根据上述步骤对问题的选择和剖析,简要概述你的问题,内容包含但不限于以下几点。

    √ 对要解决的问题进行简明扼要的说明;

    √ 为了更好地说明问题所提供的调查/讨论期间所获取的数据;

    √ 该问题的重要意义;

    √ 对于该问题所影响的目标人群的描述。

实践练习

○● 任务

通过小组讨论/头脑风暴发现生活中存在的问题,选择一个作为继续深入研究的问题,撰写问题概述。

【人数】小组合作,每组5—6人为宜。

【物料】大白纸,黑色记号笔,彩色便利贴。

【时长】30—45分钟。

交流讨论

（1）小组之间展示分享各组所撰写的问题概述。

（2）在这些问题中,哪些问题最为紧迫或最容易解决? 哪些问题的解决最有价值? 哪些问题是你们最感兴趣的? 请把这些问题分别列出来、排序,然后从中选出一个综合排名最高的研究主题。

（3）尝试为研究主题的开展列出具体的实施计划。

工具三　What?│How?│Why? 帮你进行更深层次的观察

有很多俗语和名人名言是与"观察"有关的,比如说:观察是最好的老师;又比如说:世界上并不缺少美,而是缺少发现美的眼睛;伽利略也曾说,一切推理都是从观察和实验中得来的。可见,"观察"在人的成就中起到多么重要的作用。然而在实际观察中,很多人苦恼于只能看到表象,很难深入挖掘出真正隐藏在背后的关键信息——产生这一问题的重要原因之一就是:观察时脑海里没有问题。

What?│How?│Why? 是一个渐进的提问三部曲,帮助人们在观察过程中从事物的表象逐步深入到事物的本质,从对特定情境的具体观察到更加抽象的潜在情绪的探索。当团队成员从现场带回一些图片、视频等资料时,就可以用该工具来进行观察和分析。

【WHAT】也就是"What is it?",你观察的照片描述了什么内容? 人物在特定的情境或照片中在做什么? 注意并写下细节。这一部分尽量保持客观,不要做假设。

【HOW】就是"How to do?",人物是怎么做的? 他们的表情是怎样的? 该活动或情况对人物状态的影响是积极的还是消极的? 这一部分尽量使用形容词来进行描述。

【WHY】就是"Why to do?"。为什么会出现这种情况? 人物为什么做这件事,为什么会有这样的表情或情绪? 这一步通常需要你根据所观察到的客观信息,对人物的动机和情绪做出有根据的猜测。这一步将能揭示你与用户一起测试时的假设,并经常揭示关于特定情况的意外认识。

What?│How?│Why? 各部分需要的能力各有不同,WHAT 是最简单的——因为你只需运用记忆力即可解决。但从 WHAT 问题得到的答案,通常只反映出事情的表面现象。表象和本质很多时候是不同的,有时甚至是相反的。如果仅仅停留在 WHAT 层面,很可能会被表象所误导。和 WHAT 不同的是,HOW 光靠记忆力是远远不够的。你还需要具备一定的分析推理能力,还需要懂得查阅相关资料,才能搞明白 HOW 类型的问题。WHY 比 HOW 更难回答——在回答 WHY 的过程中,你不但需要动用分析、推理、归纳、总结等各种思维能力,可能还要运用到跨领域、跨学科的知识。但是收获也是很大的。一旦把这些 WHY 的问题想明白,你就对整个事件有了一个既宏观又深刻的认识。能达到这个境界,看问题通常会比较深刻,也就能够触及本质。

应用情境

- 需要通过观察照片和视频等资料来发现潜藏的信息时
- 需要对事物有一个深入的了解时

应用步骤

(1)　　　　　　　　　　　　　　　(2)

(3)　　　　　　　　　　　　　　　(4)

以上述四幅图片为例,如何通过表面信息深入挖掘?

1. 绘制观察表格。在一张大白纸上画一个表格,将其分为三部分,分别为 What?
How? Why?

具体的描述 → 情感猜测

What (照片描述了什么?)	How (人物怎么做的? 表情、情绪怎样?)	Why (猜测,为什么会出现这种 情况,需求点是什么?)

2. WHAT｜What is it?

在这个阶段,所要了解的就是在特定场景和照片中你观察的人物正在做什么? 需要将细节记录下来,尽量保证客观,不要进行假设。

具体的描述 → 情感猜测

What (照片描述了什么?)	How (人物怎么做的? 表情、情绪怎样?)	Why (猜测,为什么会出现这种 情况,需求点是什么?)
1. 女孩正在雨伞架上放置雨伞		
2. 折叠雨伞容易被雨伞架上的铁丝挂住		
3. 雨伞放置好了之后会有很多雨水滴在地面上		
4. 女孩正在将折叠雨伞套入塑料袋中		
……		

3. HOW｜How to do?

你观察的人物是如何参与某个事件的? 他们的状态是怎样的,比如是匆忙的、焦虑的、痛苦的、是否出现了冲突等? 活动或场景是否对人物的状态产生了积极或消极的影响? 如此重复多次,对所发现的内容进行描述,尽可能多地使用形容词来填充描述性词语。最后,还需要考虑是否有一些其他因素的作用,以及在各种因素的作用下事件是如何一步步发展的? 事件的内部是如何运作的?

具体的描述 　　　　　　　　　　　　　　　　　　　　　　　　　情感猜测

What (照片描述了什么?)	How (人物怎么做的? 表情、情绪怎样?)	Why (猜测,为什么会出现这种 情况,需求点是什么?)
1. 女孩正在雨伞架上放置雨伞	1. 折叠雨伞比较难放进雨伞架	
2. 折叠雨伞容易被雨伞架上的铁 丝挂住	2. 女孩有些苦恼,消极情绪	
3. 雨伞放置好了之后会有很多雨 水滴在地面上		
4. 女孩正在将折叠雨伞套入塑料 袋中	4. 为了防止雨水滴落在地面上, 女孩准备给雨伞套上塑料袋, 但是折叠雨伞不方便装入塑料 袋中	
……		

4. WHY | Why is that?

解决了前两个问题之后,就需要开始思考 WHY 类型的问题了。为什么你观察的人物会这样做,并且在以他们的特定方式去做? 为什么起作用的因素是这个? 为什么事件会朝着这个方向发展? 这一步通常要求对动机和情感做出明确的猜测。

具体的描述 　　　　　　　　　　　　　　　　　　　　　　　　　情感猜测

What (照片描述了什么?)	How (人物怎么做的? 表情、情绪怎样?)	Why (猜测,为什么会出现这种 情况,需求点是什么?)
1. 女孩正在雨伞架上放置雨伞	1. 折叠雨伞比较难放进雨伞架	
2. 折叠雨伞容易被雨伞架上的铁 丝挂住	2. 女孩有些苦恼,消极情绪	用户使用雨伞架时很苦恼:雨水 容易滴落在地面上,导致湿滑,塑 料袋较小,不太方便套入雨伞,雨 伞架的铁丝容易挂住雨伞,容易 损坏。如果要能有一个新式的雨 伞架能够解决这些问题就好了
3. 雨伞放置好了之后会有很多雨 水滴在地面上		
4. 女孩正在将折叠雨伞套入塑料 袋中	4. 为了防止雨水滴落在地面上, 女孩准备给雨伞套上塑料袋, 但是折叠雨伞不方便装入塑料 袋中	

5. 整理你的发现。经过三个问题的分析,你将能发现用户在使用某个产品或在某个情境下存在的问题及情感需求。整理一下这些发现,必要的时候需要配合访谈一起进行。多尝试几次,多观察一些用户,你会发现更多、更真实的需求。

实践练习

○● 任务

任选一个包含了人物的日常生活情境,进行拍照或摄像,运用"What? | How? | Why?"方法进行观察,并在对应的观察表中描述你们小组的发现。

【人数】小组合作,每组 3—4 人为宜。

【物料】大白纸,黑色记号笔若干支,6 种颜色的便利贴,透明胶带 1 卷。

【时长】建议 20—30 分钟为宜。

交流讨论

(1) 与其他小组分享展示你的发现,你们发现了哪些问题,你们的猜测是否合理?

(2) 思考一下,如果只凭直觉去观察,而不采用"What? | How? | Why?"这类的工具,观察结果会有什么不同?

工具四　情境故事法,让你发现真实的需求

应用情境

• 需要全面了解某产品的使用情境时

• 需要透过虚拟的情境发挥创意时

• 需要构想产品在未来或虚拟场景中的使用情况时

一个好的故事不但能打动说故事的人,更能打动听故事的人。创意设计也同样如此,一

个好的创意设计不仅能够带来视觉上的冲击,更重要的是能触动用户神经,产生共鸣。情境故事法,就是一个通过诉说故事来开始设计的方法,它完全以用户为中心,在故事情境中,发现真实需求,实现设计创新。

情境故事法又称为剧本法,其核心是通过观察和体验来制造一个产品使用的情境,从而挖掘隐藏其中的问题、原因及相关信息,设计出能够打动使用者心灵的贴心产品。通常情况下,情境故事法是以人物、时间、地点、事件、物品等作为剧本的基本模式,逐渐发展出故事情境,并以视觉化的方式呈现。故事的呈现形式可以是一幅草图、一个故事板、一段场景模拟、一系列拍摄的快照,可以是真实发生的,也可以是想象出来的。以快照为例,其情境的描述可以采用如下模板来完成。每个阶段的模板需要说明:是谁,在什么情境下,用什么,做了什么,有什么感想,并将拍摄的快照贴在上面。

主题:	地点:	时间:
描述:		影像:

案例分析

下面来看一个具体的例子,感受一下是如何通过快照的方式记录用户使用产品的全过程,并从中挖掘出关键需求的。

人物特征分析:周师傅,男,52岁,校园绿化维护员,高中毕业,收入在4 000—5 000元之间,乐观健谈,比较粗心。他使用背负式的电动绿篱机,自己购买单位报销。

下面就是周师傅在日常生活中的几个故事情境案例[7]:

序号	情境描述	影像
1	时间:上午 8:00;地点:某大学校园 早上周师傅戴上帽子、防护眼罩和手套后,将绿篱机从架子上拿下来,前往工作地点,路上遇到同事,亲密地聊了几句,周师傅故意离同事远了点,怕绿篱机的刀片碰到人	危险区
2	时间:上午 8:10;地点:某大学校园 周师傅到达目的地后接上电源线准备开始工作。拿着绿篱机修剪时,周师傅想起上次竖直修剪时电源线被割破了,所以这次格外小心	电源线
3	时间:上午 8:50;地点:某大学校园 遇到斜面与球面造型的植被,周师傅小心控制斜面角度,但这样工作慢,周师傅在想,如果能控制角度就好了	
4	时间:上午 10:30;地点:某大学校园 工作 2 小时了,其间周师傅不停变换姿势以适应不同绿化带修剪要求,挺起腰,周师傅感叹自己老了,腰很酸	身体扭曲
5	时间:上午 11:50;地点:某大学校园 工作 3 个多小时,终于修剪完了。周师傅开始收拾装备,觉得背部有点烫,手指也有点不舒服	
6	时间:上午 12:00;地点:某大学校园 周师傅准备去吃午饭,将绿篱机带到办公室,清理了一下柜子,将绿篱机放了进去	

在上面的情境描述中,采用快照模板的方式,按照时间顺序对不同的分镜头进行拍照和描述。随后进行议题分析,找出关键问题。

序号	情境描述	关键议题
1	刀具可能会碰到其他东西,且收纳不方便	刀具过长,携带不便,收纳时占空间
2	竖直修剪时割断电源线	背负式竖直修剪,刀片距电源线太近
3	修剪的斜面不平整	斜面角度难以控制
4	连续修剪绿篱,需长时间托举,导致腰酸	绿篱与手臂高度不匹配
5	背负式电池长时间工作发烫	电池与人体接触,散热差
6	手指易疲劳	操控按键人机性差

然后需要明确问题的解决思路,形成基本解决方案:

序号	关键议题	解决议题思路	基本方案
1	刀具过长,携带不便,收纳时占空间	刀具可折叠	刀片实现折叠,便于拆卸,缩小存放空间
2	背负式竖直修剪,刀片距电源线太近	电线绷紧式	手持式,一体式电池
3	斜面角度难以控制	刀片角度可调	修剪机构可绕中心轴有级旋转,以此来调节修剪刀片与绿篱切割面的角度,最大可达90°
4	绿篱与手臂高度不匹配	可调支架	调整手柄长度及直径,后手柄沿机身水平方向倾斜10°
5	电池与人体接触,散热差	增强散热	增加隔热层
6	操控按键人机性差	改善尺寸	调整手柄长度及直径,后手柄沿机身水平方向倾斜10°

将构想的解决方案加入到原来的分镜中,并改写已经不一样的剧本,撰写未来产品的使用情境。

序号	情境描述
1	时间:上午8:00;地点:某大学校园 早上周师傅戴上帽子、防护眼罩和手套后,将绿篱机从架子上拿下来,前往工作地点,路上遇到同事,亲密地聊了几句,绿篱机刀片是收纳起来的,丝毫不用担心伤到同事
2	时间:上午8:10;地点:某大学校园 周师傅到达目的地后打开电源准备开始工作。由于绿篱机采用的是一体化电源,因此周师傅移动起来很便利

续　表

序号	情境描述
3	时间:上午 8:50;地点:某大学校园 在修剪斜面与球面造型的植被时,周师傅将刀片的角度调整成为 45°,方便对机器进行控制
4	时间:上午 10:30;地点:某大学校园 工作 2 小时了,周师傅通过调整刀片的尺寸来适应不同绿化带修剪的要求,自己保持着一种比较舒适的姿势,工作看起来比较轻松
5	时间:上午 11:50;地点:某大学校园 工作 3 个多小时,终于修剪完了。周师傅清理了一下装备,将刀片收纳好
6	时间:上午 12:00;地点:某大学校园 周师傅准备去吃午饭,由于时间比较晚,索性将绿篱机带到食堂

应用步骤

针对以上的案例分析,总结一下情境故事法的应用步骤:

1. 角色建立

• 确定产品目标使用人群。

2. 情境快照(分镜描述)

• 实际针对产品的使用现况拍摄多张照片。

• 对每张照片进行记录描述。

• 提出几个值得或需要进一步探讨的问题场景照片,对之进行情境描述,以故事的方式来叙述所涉及的人、物、情境及活动。

3. 关键议题

• 从原始的故事中,提出一些待解决、有趣或者有挑战性的事项。

• 整理议题,标出重点解决议题。

4. 方案剧本

• 针对议题,提出解决问题的思路,构想理想的产品及使用情境。

• 针对你所构想的理想产品及理想使用情境,以故事的方式来叙述所涉及的人、物、情境及活动。

实践练习

○● **任务**

走出教室寻找合适的情境(可选的场景:公交站、共享单车停车处、便利店、教室、食堂、校医院等)进行快照拍摄,注意所拍摄的情境要能够发现问题,利用提供的快照模板对情境进行描述,并提出解决方案,最后构想产品在未来场景中的使用情境。

【人数】小组合作,每组 3—4 人为宜。

【物料】摄像设备(手机等),大白纸,彩笔若干支,彩色便利贴。

【时长】建议课下拍摄,课上进行快照描述、分享与讨论。

【要求】

1. 以小组为单位讨论确定观察的情境主题。

2. 对相关的场景进行拍照,也可以对场景的应用进行适当的想象(最终筛选出 4 张情境快照用于情境故事的描述)。

3. 完成快照模板的描述,描述中要体现如下要素:人、物、情境、活动。

4. 找出关键议题。

5. 对关键议题进行分析,提出解决方案的思路。

6. 将产品构想的解决方案加入到原来的分镜中,并改写已经不一样的剧本,撰写未来产品的使用情境。

【提示】

1. 分析人物特性。使用情境故事法需要足够的信息和资料作为故事发展的支撑,所以这一步需要做的就是针对特定主题选定的人群进行观察,包括其行为活动/习惯/言谈举止等。只有深入到具体的环境中理解用户,了解用户的故事,与其进行深入交谈,才能发现真正有价值的问题。

2. 撰写故事分镜头。就像在拍电影/电视剧之前撰写剧本一样,需要拟订情境故事背景中的演员、拍摄时间、拍摄地点、具体事件等。

3. 整合分镜故事,产生新构想。通过分析情境故事,找出其中造成用户不方便的"关键议题",并想办法解决这些问题,满足需要。

4. 构想在新的故事中得到验证。通过上述"关键议题"的解决,对应的解决方案就是需要的创新设计点,从而应用在实际的产品设计中。那么,用户在类似的情境中使用设计出来的新产品,就是我们的"理想快照"(理想方案)。

交流讨论

至此,你已基本完成了"情境故事法"活动的体验。是不是发现了一些新的创意途径?想一想身边还有哪些可以改进的产品,使用情境故事法继续你的创意设计。

关键提醒

为找出问题,我们不是访问专家,而是追本溯源,实际观察产品的真实或潜在用户,这才真正跨出创新和改良产品的第一步。

——汤姆·凯利(Tom Kelley)

工具五　KANO 模型,教你识别良性创新

应用情境

- 用户需求非常多,分不清主次及优先级,需要区分处理时
- 需要确定某项需求对用户满意度的影响时
- 需要识别影响用户满意度的关键要素,以提升用户满意度时

KANO 模型是由东京理工大学教授狩野纪昭①(Noriaki Kano)提出的,又称为"狩野"模型。KANO 模型并非是直接测量用户满意度的定量工具,而是对用户的不同需求进行区分处理。根据 KANO 模型的原理可以最大限度帮助我们了解用户不同层次的需求,是识别用户需求、设计产品功能至关重要的切入点,通过对用户的深度了解和对产品的主动把控,全

①　狩野纪昭(1940—　):曾获得东京大学的工程硕士与工程博士学位,是当代著名的质量管理学大师。

面提升产品的用户体验。

　　KANO 模型定义了三个层次的顾客需求：基本型需求、期望型需求和兴奋型需求。这三种需求与用户满意度之间的关系如图所示。

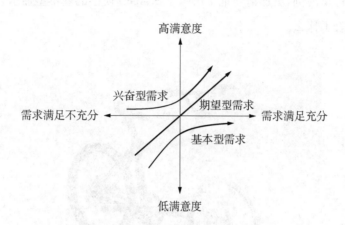

　　基本型需求：是用户对产品或服务的基本要求，即用户认为产品或服务"必须有"的功能。当不满足此需求时，用户满意度会一落千丈；当满足此需求时，用户满意度也不会提升。如用户对手机运行速度和待机时长的需求。

　　期望型需求：是处于成长期的需求，即用户希望产品或服务"最好有"的功能。期望需求与用户满意度之间成正比例关系，产品性能或服务水平越达到用户的期望，用户满意度越高，反之则用户满意度越低。如果企业在满足用户此类需求方面表现良好，能够显著增强自身竞争力。如手机摄像头的像素。

　　兴奋型需求：是处于用户意料之外的需求。兴奋需求一旦得到满足，用户满意度会大幅提升，即使没有得到满足，用户满意度也不会因此降低。如部分企业通过虚拟社区获知用户对产品或服务的建议，并在后续服务中有针对性地加以改进。

　　除了以上三项需要重点考虑的需求，KANO 模型还包括两类特殊需求——无差异型需求和反向型需求。

　　无差异型需求：是指不会对用户满意度造成影响的、可有可无的需求。无论此需求得到满足与否，用户满意度都不会受其影响。

　　反向型需求：用户并没有这类需求，提供后满意度反而降低。

案例分析

下面就以自行车为例，更加清楚地了解一下 KANO 模型的基本型需求、期望型需求和兴奋型需求分别代表了什么。

【基本型需求】如果我要设计一辆自行车，首先我会想所有自行车都具备的部件：车轮、车架、脚踏、刹车、链条等，这些是"必须有"的，缺一不可。也就是说，一辆自行车有这些部件，使用方不会感到高兴，因为这是必然要有的；如果没有的话，使用方会很生气。符合这样条件的部件/功能，我们称之为"基本品质"。

【期望型需求】当然，我们想要的自行车不仅仅是能骑，还希望这辆自行车舒适、速度快，这就是"期望品质"。

【兴奋型需求】比如说在自行车上加了顶篷，用来防护太阳光的照射和雨水的侵袭；双人式/家庭式多人自行车，旅游时随时一起骑车欣赏美景而不用考虑带着两辆自行车所带来的麻烦；自行车的手机智能解锁功能，通过蓝牙或 WiFi 与用户的智能手机连接，点击屏幕上的按钮可以实现解锁，或者手机直接靠近也可以解锁；自行车拥有能拍摄并记录视频的尾灯，这样就可以用作指控肇事司机的证据等。有了这些特定功能，自行车会更受人青睐。当然，没有这些功能，也不会使人不高兴，因为人们并没有为之产生期待，纯属"意外之喜"。这些功能就是"魅力品质"。

应用步骤

简单来说，KANO 模型的应用一般包括如下几个步骤[8]：

1. 确定应用目的。KANO 模型旨在对用户不同的需求进行区分处理，以帮助快速找到提升用户满意度的切入点。其多应用于商业决策、竞争力分析、提升现有流程、设计新流程及开发新产品、新服务中等。

△▲ 范例

在本例子中，采用问卷调查的方式确定用户需求。如表 1 所示，列出了微信的主要功能，在此基础上编写调查问卷。问卷中与每个功能点相关的题目均涉及正反两个问题，即用户对产品具有某项功能时的评价和该产品不具备某项功能时的评价，如表 2 所示。认真完成该份问卷，选出最符合自己的主观感受。

表 1　微信主要功能分类

功能分类	具体功能	说明
社交	聊天	发送语音短信、视频、图片（包括表情）和文字信息
	朋友圈	发表文字和图片，通过其他软件将文章或者音乐分享到朋友圈。可以对好友新发的信息进行"评论"或点"赞"，用户只能看相同好友的评论或赞
推送与提醒	新闻推送	浏览腾讯新闻
	QQ 邮箱提醒	开启后可接收来自 QQ 邮箱的邮件，收到邮件后可直接回复或转发
各类系统服务	公众平台	关注和注册公众号，注册后对公众账户的粉丝分组管理、实时交流
	微信网页版	通过手机微信的二维码识别在网页上登录微信，网页版能实现和好友聊天，传输文件等部分功能
个性化服务	设置	新消息提醒模式设置、聊天设置、隐私设置、微信通用设置、账号与安全设置、介绍微信和退出功能等
	标签	好友分类

2. 确定客户需求。通过一系列的调查研究寻找足够多的来自用户的声音，常见的调查方式有：问卷、访谈、焦点小组、观察、顾客投诉与反馈。

△▲ 范例

如以调查分析"微信功能"的用户需求度和满意度为例，KANO 模型的应用可以帮助更快更准确地判断出哪些功能是必不可少的，哪些功能是可有可无的，哪些功能能够显著提升用户的兴趣和兴奋程度……从而为这些功能划分优先级，识别影响用户需求和满意度的关键因素，以做出合理的决策。

表 2　问卷题项

微信功能	问题	不喜欢	可以忍受	无所谓	理所当然	喜欢
聊天	微信提供该功能	1	2	3	4	5
	如果没有该功能	1	2	3	4	5
朋友圈	微信提供该功能	1	2	3	4	5
	如果没有该功能	1	2	3	4	5
新闻推送	微信提供该功能	1	2	3	4	5
	如果没有该功能	1	2	3	4	5
QQ 邮箱提醒	微信提供该功能	1	2	3	4	5
	如果没有该功能	1	2	3	4	5
公众平台	微信提供该功能	1	2	3	4	5
	如果没有该功能	1	2	3	4	5
微信网页版	微信提供该功能	1	2	3	4	5
	如果没有该功能	1	2	3	4	5
设置	微信提供该功能	1	2	3	4	5
	如果没有该功能	1	2	3	4	5
标签	微信提供该功能	1	2	3	4	5
	如果没有该功能	1	2	3	4	5

【选项说明】

由于每个人对选项"不喜欢""可以忍受""无所谓""理所当然""喜欢"的理解不尽相同，因此在问卷填写之前做出统一解释说明：

　✓ 不喜欢：让你感到不满意；

　✓ 可以忍受：你不喜欢，但是可以接受；

　✓ 无所谓：不会特别在意，但还可以接受；

√ 理所当然：你觉得是应该的、必备的功能；

√ 喜欢：让你感到开心、满意、惊喜。

3.将需求转换成品质关键点，也即根据 KANO 模型将用户需求划分为三类，分别是基本品质、期望品质（越多越好，对保持竞争力至关重要）和魅力品质。

△▲ 范例

根据 KANO 模型评估矩阵表对上述调查结果分类，确认每项需求的类型，具体规则如下：

表3　KANO 模型评估矩阵表

顾客需求		反向问题				
		喜欢	理所当然	无所谓	可以忍受	不喜欢
正向问题	喜欢	Q	A	A	A	O
	理所当然	R	I	I	I	M
	无所谓	R	I	I	I	M
	可以忍受	R	I	I	I	M
	不喜欢	R	R	R	R	Q

A：Attractive，有吸引力的，魅力需求；

M：Must-be，理应如此，基本型需求；

R：Reverse，反转的，表示顾客不需要这种功能，甚至有反感；

O：One dimensional，一维的，在 KANO 模型中是期望型需求；

Q：Questionable，可疑的，表示顾客的回答有问题，一般不会出现这个结果，可能是顾客没有理解题目，也可能填错了；

I：Indifferent，无关紧要的，表示顾客对这个功能无所谓。

调查结果全部归类统计完成之后会发现，由于每个人的定位不同，对每项功能的需求也不尽相同，对同一项功能的需求就会出现完全不同的结果。基于此，我们可以对每一功能所属的需求属性占比进行统计，并以占比最高的属性作为该功能的归属类别。

例如，对聊天功能的各类需求属性中，M 的比例最高，所以把功能归类到属性 M（基本型需求）。从这个例子可以发现，多数功能都是基本型需求或期望型需求，即当提供或优化这些需求时，用户满意度会提升，当不提供此需求时，用户满意度就会显著降低。

	M	O	R	I	Q	A	合计	归属类
聊天	88%	4%	2%	2%	2%	2%	100%	M
朋友圈	80%	10%	4%	2%	2%	2%	100%	M
新闻推送	30%	40%	13%	10%	2%	5%	100%	O
QQ邮箱提醒	30%	38%	13%	10%	2%	7%	100%	O
公众平台	60%	20%	2%	8%	2%	8%	100%	M
微信网页版	65%	20%	3%	2%	2%	8%	100%	M
设置	90%	4%	1%	1%	2%	2%	100%	M
标签	20%	20%	2%	48%	2%	8%	100%	I

4. 评估目前产品、服务表现，确定具体的行动方案。通过分析，我们发现，满足用户的期望型需求或魅力需求，是产品/服务的改进方向。因此需要结合调研结果制定具体的行动方案，提升用户这两方面的满意度。

实践练习

○● 任务

在"同理心地图"工具的使用过程中，你一定发现了不同的老年人对智能手机有着不同的需求，试着运用 KANO 模型对这些需求进行分类，确定哪些需求是必须的，哪些需求能够显著提升用户的满意度，哪些需求是可有可无的，并制定具体的行动方案。

【人数】个人、小组合作，5—6 人为宜。

【物料】问卷（如需要），评估矩阵表，黑色碳素笔。

【时长】20—30 分钟。

交流讨论

1. 小组之间互相展示 KANO 模型调查结果；

2. 根据调查结果，讨论对于缺乏魅力品质的某项功能/服务，应该如何改进以满足用户的需求，提升用户满意度。

工具六　POV,帮你界定关键问题

应用情境

- 生成了很多问题,需要对问题进行界定/表述时
- 需要设计挑战的具体任务时
- 需要对 POV 研究问题的价值和有效性进行判断时

POV(Point-of-View),是一种问题界定的方法,可以将问题解决的挑战转化为一个可操作的问题陈述,以帮助设计者捕捉灵感,促进生成更多的构思/想法。

在 POV 工具中,主要包含两种方法[9]:

1. POV 问题界定法:问题界定的过程就是将设计挑战转化为一个可操作的问题陈述。

2. 关键问题清单核对法:该方法用来评估 POV 问题表述。在需要对 POV 研究问题的价值和有效性进行判断时使用。运用此工具可以确保团队的研究问题是有效的、有洞察力的、可操作的、独特的、有意义的……

应用步骤

1. 利用 POV 界定问题。根据 POV 界定法的格式来表述问题:

【*用户(User)*】需要【*用户需求(Need)*】因为【*洞察/原因(Insight)*】

在这里,"需要"是一个动词,"洞察"也不是简单的指代"用户需求"的理由,而是有利于设计解决方案的综合性陈述。一个好的观点描述需要同时具备如下三大要素:

- 用户:一个清楚定义的对象
- 需求:以"动词"表示的需求
- 说明该需求产生或现阶段无法被满足的具体原因等

例如下面两句问题表述,相比之下,前者仅仅是一个宽泛的事实陈述,并没有"洞察"需求背后的具体原因;后者则是一个可操作的、清晰地说明了潜在问题的表述,这对于开发解

决方案而言,更能激发兴奋感、提示努力方向。

- "由于学习空间与学生的学习息息相关,所以我们需要设计新型的学习空间。"
- "学生需要新型的学习空间,因为新时代的学校需要满足学生个性化、自主性、合作性、信息化等方面的需求。"

2. 关键问题核对:根据"关键问题核对清单"来检验运用 POV 陈述问题的有效性,提升 POV 设计观点的价值。

(1)你的设计观点是什么?

√ 你的团队在陈述设计观点时的框架是什么?

√ 该设计观点是以用户为中心的吗?

√ 该设计观点是基于需求的吗?

√ 该设计观点是否有深刻的洞察做基础(而非宽泛的理由)?

(2)你的设计观点来自于谁? 是谁说的?

√ 设计观点的视角是否得到用户调研结果的支持?

√ 这是对调研结果的升华吗? 它的适用性强吗?

(3)你的设计观点哪些部分是新的?

√ 你是否以新的方式阐述了你的发现?

√ 它们是否置于真实的用户情境中?

√ 如果感觉设计观点不足够新颖,请尝试将其具体化。

(4)你的设计观点是否具备重要研究价值?

√ 团队应该为此研究想法感到兴奋!

√ 这项研究工作值得做吗? 如果不,为什么?

√ 重构设计观点,直到认为其是有价值/重要的。

3. 根据清单,修改问题陈述:第二步完成之后,请根据核对结果反过来思考最开始的问题陈述是否有效,如果陈述有问题,需要对 POV 的问题界定进行修改。最终形成完善的 POV 问题界定。

实践练习

【任务 1】请利用"关键问题核对清单"来检验以下设计观点的有效性,并说明理由。

- 教室需要保持清洁,因为清洁的环境有利于学生的健康;

- 书桌需要宽一些,因为学生在读书时往往要随时拿些文具;
- 教室里需要有一个可视化的氧气情况读取仪,因为充足的氧气是学生有效学习的前提;
- 校园里的植物需要经常浇水,因为只有经常浇水才能保证植物生长;
- 学生的表现需要记录下来,因为长期的记录有助于发现学生的学习倾向与学习风格。

【任务 2】在学校中浏览、观察与访问,运用 POV 界定法("用户 + 需求 + 洞察"格式)表述你发现的问题,并运用"关键问题核对清单"检验所列出的 POV 设计观点的有效性。

【人数】小组合作,每组 3—4 人为宜。

【物料】大白纸,黑色记号笔,彩色便利贴。

【时长】30—40 分钟。

交流讨论

1. 与其他小组展示分享所界定的问题及问题的具体表述。
2. 以小组为单位,讨论 POV 设计观点的有效性,最终评选出三个最佳的设计观点。

工具七 直观投票,快速决策的好帮手

应用情境

- 想法非常多,希望列出其优先顺序,或缩小主题/想法范围时
- 希望在短时间内快速做出决策,且决策结果得到大家的共同认可时

在设计思维训练过程中,直观投票法是一种非常常用且实用的方法。它可以快速理清选项的优先顺序,缩小选择的范围,让参与者直观地发现他们的意见和偏好。

直观投票法的使用非常灵活,你可以根据实际的需求,来决定参与者投票的数量。例如你的目标是在众多的想法中挑选出一个最佳的,那就允许小组成员每人投一票;如果你想要考虑多重选择,最好就让每个人多投几票。下面就以多重投票为例,简要介绍一下投票的过程。

应用步骤

1. 根据主题,列出想法并编号。首先,将团队成员的所有想法汇总,形成列表。用数字或字母给所有选项标号。

2. 确定每位成员的投票数。原有的列表越长,允许的选票数越多,通常允许每人投的票数是总数的一半左右。

例如:汇表列表是 10 项内容,最终要 3 个选项,本次投票要求每位成员投 5 票。

3. 开始投票。每位成员根据自己的想法开始投票,成员之间不要相互讨论,选择自己心中的结果,每张票数计分不同,第一位得分最高。

例如:如果每位成员有 5 票,则最优选项得 5 分,次优选项得 4 分,以此类推。每个选项分别写于不同的纸上,排序标注于右下角。

4. 记录选票。收集选票,统计每个选项的得分。最简易的计票方法是记录员把每张选票的分数写在选项的旁边,分数相加及得到每个选项的总分。

多重投票示例

例如小组共有 A、B、C、D、E 五位成员,每位成员的投票结果如下(数字代表选项的编号):
A 的选票:4,9,12,2,8
B 的选票:6,10,12,9,15
C 的选票:2,9,14,4,6
D 的选票:10,8,15,12,11
E 的选票:8,6,11,10,4
【注意】选票的顺序为 5—1 分。

1 号		6 号	5 + 1 + 4 = 10	11 号	1 + 3 = 4
2 号	2 + 5 = 7	7 号		12 号	3 + 3 + 2 = 8
3 号		8 号	1 + 4 + 5 = 10	13 号	
4 号	5 + 2 + 1 = 8	9 号	4 + 2 + 4 = 10	14 号	3 = 3
5 号		10 号	4 + 5 + 2 = 11	15 号	1 + 3 = 4

5. 得出结论:如若结论清晰,则投票到此为止,得出最终的结论;否则,继续进行简短的投票讨论。

讨论的目的:一是要对差异显著的投票进行重点讨论,比如某个选项同时得到 5 分和 1 分;二是要避免由于信息不正确或理解偏差而产生错误。

6. 制定行动计划。针对选出来的想法,制定出你下一步的行动计划。

☆★ 提示

此讨论不应该对任何人施加压力让他们改变选票。

实践练习

○● 任务

为参加每年一度的科创大赛,班级里需要组队参加。为尽可能地为班级争得荣誉,需要选出那些具有创新能力、合作能力和专业能力的同学参赛。全班集体投票是一个比较公平的方法。请采用"直观投票法"来设计此次投票活动,并实践投票过程。

【物料】挂纸或白板,黑色记号笔,每人 5—10 张纸、一支钢笔或铅笔。

【时长】10—20 分钟。

交流讨论

(1) 展示分享投票结果及过程。

(2) 分析投票结果,根据该结果能够做出直接判断吗? 如果需要,多执行几轮投票,直到将想法/解决方案收缩到尽可能小的范围。

(3) 在投票完成后,请与同学们一起反思采用这种投票法的好处和不足之处,探讨改进的方法。

本章小结

本章主要介绍了创新设计思维的第一个步骤:如何发现问题、定义问题。通过同理心地图、小组讨论、What？|How？|Why？、情境故事法的应用,可以帮助你更好地发现问题、了解用户需求;通过 KANO 模型,可以帮助你快速定位用户需求,区分出哪些需求是必要的,哪些需求是可以舍去的;通过 POV(设计观点)界定法,可以帮助你用规范的形式表述问题,并

判断研究问题的价值和有效性；通过直观投票法，可以帮助你在短时间内对想法进行快速排序，找到大家共同认可的结果。

可以看出，从发现问题到定义问题，是一个环环相扣，从发散到收敛的过程，该过程涉及一个或多个工具的使用。

下面对这几个小工具的使用情境加以简单的区分，以帮助使用者根据具体情境合理选用。

过程		工具	适用情境
发现问题 ↓ 定义问题	发现问题 用户需求	同理心地图	通过观察某一类人群在使用某个物件的情况来发现问题
		小组讨论	通过反思日常生活中遇到的问题来发现问题
		What?｜How?｜Why?	观察的对象是日常生活或虚拟的情境，通过图片、视频等进行猜测，以此发现更多问题
		情境故事法	观察对象是一系列快照、分镜头影像，透过虚拟的情境发挥创意，构造其未来使用情境
	定位需求	KANO 模型	发现了众多的问题/用户需求，要对它们的优先级进行区分
	界定问题	POV 问题界定法	需要清晰准确地表述设计问题
	筛选想法	直观投票法	需要快速做出决断，从众多问题中筛选出某几个需要解决的问题

自查问题

（1）同理心和同情心有何区别？如何才能做到富有同理心呢？

（2）同理心地图通常强调从哪几个维度来分析现实情境、发现更多的问题？

（3）反思你的日常生活，列举出 3 个有待解决的问题。

（4）情境故事法的应用步骤大致分为哪几个环节？

（5）KANO 模型将用户需求定义为哪几种层次？

（6）如果要清晰准确地描述一个设计问题，表述语需要同时具备哪些要素？

本章练习

在"本书主题情境"中选择一个主题,运用本章学到的工具来发现问题。

主题一:食堂用餐记

情境:学校的食堂由于用餐环境拥挤、排队时间长等问题,受到许多学生和家长的投诉。现学校决定开展"智慧食堂"的建设工程。正在面向全校师生公开招标,寻找最优的解决方案。作为学校的学生,你们决定以信息化、智能化为特点设计"智慧食堂"方案,去参与评选。

■ 你的研究对象是谁?

■ 他/她在一天的用餐中遇到了哪些问题?他/她有哪些需求?

■ 对这些需求进行分类/优先级排序,对于"智慧食堂"设计而言,哪些是基本型需求?哪些是期望型需求?哪些是兴奋型需求?

■ 你要解决的问题是什么?

■ ……

主题二:遗失的彩虹

情境:彩虹村环境优美、特产丰富,受到旅游爱好者的青睐。而大批游客的到来,使彩虹村面临着资源有限、环境污染及破坏问题,彩虹村的面貌已大不如前。为了帮助彩虹村可持续发展,村里需要一整套的彩虹村旅游资源的开发与保护方案。

■ 你的研究对象是谁?

■ 彩虹村、村民、游客分别遇到了哪些问题?

■ 彩虹村的重建过程中,村民及游客分别有哪些需求?

■ 对这些需求进行分类/优先级排序,哪些是基本型需求?哪些是期望型需求?哪些是兴奋型需求?

■ 关于彩虹村的重建、寻找遗失的彩虹,你要解决的问题是什么?

■ ……

主题三:梦想改造家

情境:如果有一双善于发现问题的眼睛,你就会发现身边可以被创新和发展的事物。在你自己的家里,你会有哪些发现?

■　反观自己的生活，寻找一个值得被改造的物品。

■　你在使用该物品过程中，遇到了哪些问题？你有哪些具体的需求？

■　对这些需求进行分类/优先级排序，哪些是基本型需求？哪些是期望型需求？哪些是兴奋型需求？

■　你要解决的问题是什么？

■　……

第三章　如何集思广益

本书第二章主要讨论了问题发现的几种工具,并尝试使用这些工具去发现生活中的潜在需求。面对这些需求,你是否有些无所适从,觉得自己的想法不够完善呢? 如何走出这一困境,如何得到更好的答案呢? 最好的方法就是汇集大家的思想,从不同的角度来思考解决方案。这一章我们就一起来讨论支持集思广益的几种工具,帮助大家更好地完善自己的想法,初步形成简单的设计方案。

工具一　How Might We,发现更多的设计机会

应用情境

- 小组讨论/头脑风暴过程中,需要提问或不知道如何提问时
- 希望通过有效的提问方式来获取更多创意点子时
- 在分析用户反馈的问题时

How Might We,可以翻译为"我们可以怎样"。请注意,How Might We 是一个虚拟时态,英语中的虚拟时态有"假设推翻现状、重新来过"的意思,是回到事物的原点、时间的起点去设想所有可能性。How Might We 常用于向别人发起提问,是一种用来激发对问题进行定义的句式。这种方式确保创新者正在使用最佳的措辞提出正确的问题。How Might We 被世界顶尖的创新公司奉为"秘密暗号"。在解决棘手的创意挑战时,会先问:我们可以怎样提高 X……我们可以怎样重新定义 Y……或者我们可能怎样找到一种新的方法来完成 Z?

措辞很重要,在日常生活中,人们已经习惯了以"应该""是否"这样的词发起提问,如:"我们是否应该……"作为开头往往会产生一个"是"或"不是"的回答;"我们真的能实现这样

的功能吗……"这样的提问方式背后隐含着这样的判断：我们可能很大程度上做不成这件事儿，或者我们不确定是否应该做这件事情。这些质疑的、抑制性的词语在很大程度上限制了思维的发散和想象力的发挥。而当将其替换成"可以"（Might）时，就没有妄下判断了，而是帮助人们更自由地做出选择，开创更多的可能性：

- √ "我们"：意味着我们要一起做这件事，相互补充相互促进；
- √ "可以"：意味着我们可以把想法抛出来，可能有用也可能没用——无论怎样都没关系；
- √ "怎样"：代表了解决方案是存在的——它提供了创造的自信。

案例分析

How Might We 的故事[10]

"HMW"方法在 IDEO 已经通用多年，但它的起源其实要追溯到巴萨杜（Basadur）早年在宝洁公司担任创意经理的时候。1970 年代初，宝洁的市场团队正为与高露洁总揽的一款新品香皂竞争而拼命。这种名为"爱尔兰春天"的香皂以一条绿色条纹和诱人的"提神醒脑"承诺为卖点。

当巴萨杜受邀协助该项目时，宝洁公司已经测试了 6 版自行研发的山寨版绿条纹香皂，但没有一款能胜过爱尔兰春天。巴萨杜认为宝洁团队问的问题本身就不对（"我们怎么才能做出一款比××更好的绿条纹香皂呢？"）。巴萨杜采用了一个更庞大的流程来引导人们提出正确的"HMW"问题。这包括提出很多"为什么"问题。例如，为什么我们这么拼命去制造另一种绿条纹香皂？ 同时他鼓励宝洁团队不要执迷于竞争对手的产品，试着站在消费者的角度看问题：对于他们来说，归根到底，一切与绿条纹无关，只与他们想要的神清气爽这种感觉有关。最终，他们以"我们可以怎样创造一款属于我们自己的更加令人神清气爽的香皂？"的问题提出而结束。

HMW 的方法开启了创意的闸门，巴萨杜说，接下来的几小时里诞生了成百上千个关于令人神清气爽的香皂的可行方案——最终团队将寻找神清气爽的主题聚焦于海滨。据此团队开发出了一款海洋蓝与白色条纹的香皂并命名为"海岸"。它凭借着自身优势迅速成为了一个明星品牌。

应用步骤

通过定义主题和设计观点，你已经确定了提出挑战的问题领域。现在，试着把你的关注焦点转移到"如何将这些挑战转化为设计的机会"。使用 How Might We 的格式提问,这暗示了一种解决方案是可能的,并提供了以多种方式回答它们的机会。应用框架 How Might We,目的并不在于只是去确定一个特定的解决方案,而是通过它将群体的思考引向创新思维。其应用步骤如下:

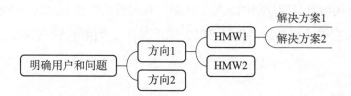

1. 明确用户和问题:首先需要明确所提出挑战的问题领域,聚焦于需要解决的具体问题,并能够清晰地定位目标用户,找出解决该问题的价值和目的。

例如:用户问题:节假日带小孩去游乐园游玩需要经过漫长的排队等位,这个过程对于家长来说太过煎熬,一方面要安抚孩子的情绪,一方面又要照顾其他游客的感受[11]。

价值/目的:提升游乐园排队体验。

2. 从多个方向拆解问题:从下面几个方向对问题进行拆解,通过提出并回答这些问题,你能够产生更多的想法与机会。

a. 发挥积极影响:我们可以怎样利用孩子的热情让其他在排队等待的游客开心?

b. 移除消极影响:我们可以怎样将孩子和其他排队的游客隔离开?

c. 逆向思维:我们可以怎样把等待变为游乐园中最令人神往的一个环节?

d. 质疑假设:我们可以怎样完全除去游乐园的排队时间?

e. 在形容词上下功夫:我们可以怎样把排队等待的区域变得"焕然一新"而不是风吹日晒雨淋的排队通道?

f. 从需求或环境中创造类似体验:我们可以怎样让孩子在排队时还像在参与游乐园的项目?

g. 从问题出发应对挑战:我们可以怎样设计游乐园的排队体验(挑战),让孩子们(问题)乖乖地/开心地等待?

h. 改变现状:我们可以怎样让淘气吵闹的熊孩子变得不那么烦人?

i. 把问题分成多个小任务:我们可以怎样让孩子开心?我们可以怎样让家长静静享受排队的时光?我们可以怎样安抚其他在排队的游客?

3. 针对 HMW 做方案:通过前面提出的一个个问题进行思考,并尝试做出上述问题的解决方案,可以通过头脑风暴的方式,穷举出所有可能的解决方案,不要自我限制。

4. 评价 HMW：对于你所提出的 How Might We，需要进行一个自我评价，以保证其具有可操作性和合理性。这里有三种评价的角度：

 a. 不能太空、太宽泛。比如，"我们可以怎样重新设计冰淇淋？"

 b. 不能太窄，过于具体。比如，"我们可以怎样设计脆皮甜筒，才可以让冰淇淋不下滴？"

 c. 不能完全超出自身能控制的区域。比如，"我们可以怎样不让液体下滴？"

 因此，HMW 应该这样提问："我们可以怎样重新设计冰淇淋，让它的便携性更好？"

实践练习

○● 任务

随着手机、电脑以及各种电子产品的广泛应用，儿童近视的发病率也在逐年上升，而且这个数据是非常触目惊心的，已经引起了国家和各级政府的广泛关注。如何"最大限度地降低儿童的近视率"成为了学校、家长，包括学生自身所关注的问题，也是难以解决的棘手问题。下面以 5—6 人一个小组，请使用 How Might We 的提问方式启发思考，开创解决问题的更多可能性。

【人数】小组合作，每组 3—10 人为宜。

【物料】大白纸，黑色水笔。

【时长】10—30 分钟为宜。

☆★ 提示

注意使用"我们可以怎样……"的句式进行发问。

请思考为什么"最大限度地降低儿童的近视率"，找到更深层次的价值点"使得学生们可以更加健康地学习与生活"，从而利用 How Might We 进行进一步提问。

交流讨论

（1）小组展示分享讨论过程及结果；

（2）梳理个人习惯性的提问方式，运用"我们可以怎样……"的问法转换提问方式，尝试习惯它。

工具二 头脑风暴,提升讨论的质量和效率

应用情境

- 缺乏创意灵感时
- 在有限的时间内,希望获取大量的创新想法时

头脑风暴法(Brainstorming)又称智力激励法或自由思考法,是一种发散思维的方法。它由美国创造学家亚历山大·F.奥斯本(Alex F. Osborn)于 1939 年提出,1957 年正式发表,是公认的有效促进创造力的方法。其实现过程为:一群人在无限制的氛围下,围绕特定主题自由思考、畅所欲言,通过智力碰撞产生新认识和提出创新想法,从而为创造性地解决问题提供更大的可能性。按照组织形式分类,头脑风暴可以分为结构化和非结构化两种[12]。结构化的头脑风暴是指在集体讨论问题的过程中,参与成员按照顺序依次提出自己的一个观点。如果某个成员没有新观点提出,可以选择跳过。所有见解都应记录在白纸板或其他展示工具上。非结构化的头脑风暴的氛围更加宽松自由,没有顺序限制,所有人都能贡献尽可能多的点子,直至再也没有新观点的提出。

结构化/非结构化头脑风暴的对比

	优点	缺点
结构化头脑风暴	每个成员都能参与 外向型/强势型成员不易占主导地位 快节奏	容易形成紧张的气氛,不利于产生灵感 当成员不思考而立刻发表见解时易迷失方向
非结构化头脑风暴	相对放松,利于灵感产生,允许成员有充分的时间思考	易让某个人主导整个过程,某些成员容易边缘化,慢节奏

头脑风暴的原则:

1. 延迟评判,禁止批评;

2. 目标集中,追求数量;

3. 巧妙地利用或改善他人的建议;

4. 鼓励荒谬、异想天开的想法;

5. 可视化呈现。

案例分析

头脑风暴的力量[13]

有一年,美国北方格外严寒,大雪纷飞,电线上积满冰雪,大跨度的电线常被积雪压断,严重影响通信。过去,许多人试图解决这一问题,但都未能如愿以偿。后来,电信公司经理应用奥斯本发明的头脑风暴法,尝试解决这一难题。他召开了一种能让头脑卷起风暴的座谈会,参加会议的是不同专业的技术人员,要求他们必须遵守以下原则:

第一,自由思考。即要求与会者尽可能地解放思想,无拘无束地思考问题并畅所欲言,不必顾虑自己的想法或说法是否"离经叛道"或"荒唐可笑"。

第二,延迟评判。即要求与会者在会上不要对他人的设想评头论足,不要发表"这主意好极了!""这种想法太离谱了!"之类的"捧杀句"或"扼杀句"。至于对设想的评判,留在会后组织专人考虑。

第三,以量求质。即鼓励与会者尽可能多而广地提出设想,以大量的设想来保证产出质量较高的设想。

第四,结合改善。即鼓励与会者积极进行智力互补,在增加自己所提出设想的同时,注意思考如何把两个或更多的设想结合成另一个更完善的设想。

按照这种会议规则,大家七嘴八舌地议论开来,有人提出设计一种专用的电线清雪机;有人想到用电热来化解冰雪;也有人建议用振荡技术来清除积雪;还有人提出能否带上几把大扫帚,乘直升机去扫电线上的积雪。对于这种"坐飞机扫雪"的想法,大家心里尽管觉得滑稽可笑,但在会上也无人提出批评。相反,有一位工程师在百思不得其解时,听到用飞机扫雪的想法后,大脑突然受到冲击,一种简单可行且高效率的清雪方法冒了出来。他想,每当大雪过后,出动直升机沿积雪严重的电线飞行,依靠调整旋转的螺旋桨即可将电线上的积雪迅速扇落。他马上提出"用干扰机扇雪"的新设想,顿时又引起其他与会者的联想,有关用飞机除雪的主意一下子又多了七八条。不到一小时,与会的10名技术人员共提出90多条新设想。

会后,公司组织专家对设想进行分类论证。专家们认为设计专用清雪机,采用电热或电磁振荡等方法清除电线上的积雪,在技术上虽然可行,但研制费用大,周期长,一时难以见效。那种因"坐飞机扫雪"激发出来的几种设想,倒是一种大胆的新方案,如果可行,将是一种既简单又高效的好办法。经过现场试验,发现用直升机扇雪真能奏效,一个久悬未决的难题,终于在头脑风暴会中得到了巧妙的解决。

在上述成功案例中,电信公司是如何成功开展"头脑风暴"的？其过程中有哪些注意事项或要遵守的原则？

_____

_____

应用步骤

(1) 选择一位头脑风暴主持人和1—2名记录员。

☆★ 提示

　　这里要求主持人应懂得各种创新思维和技法,需要在讨论开始前重申应遵守的原则和纪律,在讨论进程中启发引导,掌握进程,活跃气氛。如通报会议进展情况,归纳某些发言的核心内容,使用激励的语气词和微笑点头的行为语言,在讨论停滞时,可以采取恰当的促动措施等;记录员应将与会者的所有设想都及时编号、记录,最好写在黑板等醒目处,让与会者能够看清。记录员也应随时提出自己的设想,切忌持旁观态度。

(2) 简明扼要地介绍问题。
(3) 解释头脑风暴的执行原则及原因。
(4) 保证每位参与者拥有可用的工具,包括便利贴、笔等。
(5) **热身训练**:选择有趣、容易或与主题不相干的活动来获得良好的氛围。

☆★ 提示

　　一些热身问题或活动的举例:

■ 头脑风暴热身:如何在干草堆里找到针?

■ 我们不曾做过的事:有哪些事是你在学校里不曾做过的?

■ 可视化呈现:在一分钟内画出你的同伴,并与学员分享。

(6) 畅谈阶段:主持人抛出问题,要求每位参与者写下自己的第一想法,接下来循环发言。

☆★ 提示

在该阶段大家一定要牢记原则:延迟评判!

扼杀一个想法	鼓励一个想法
这没有用!	我很喜欢你的想法……
我们还没准备做这些。	你的想法使我想到……
你这太不实用了。	我有一个建议啊……
这已经有人说过了。	对,就是这样,好主意
这听起来真是肤浅而又愚蠢。	……

可见,该过程中技巧性的沟通就显得异常关键。我们可以参考上述说法对其他想法或点子表示鼓励赏识,鼓励的方法也可以参见"HMW 问答法"。

(7) 整理想法,筛选方案:挑选出 1—3 个最核心(或最具可行性、最具创意)的解决方案。

☆★ 提示

该过程一般执行两步走:

一是将所有想法按照"意思相同"来归类,相似的想法可以放在一起。

二是通过投票或归类这些想法,选出最受欢迎的方案。这里可以使用到一些投票小工具或是分类法(如创新坐标法),这些工具和方法会在本书稍后的章节中作专门讲述。

(8) 优化方案:发现所选方案的最核心部分并探寻进一步的解决方案。

☆★ 提示

该过程中你需要思考和讨论以下问题:

　　■ 发现想法的核心所在：该想法哪里最具价值/最让你兴奋？要解决什么问题？列出所有的挑战：缺少什么？谁会反对这个想法？最难克服的困难是什么？

　　■ 头脑风暴新的想法：包括满足方案需要及解决挑战障碍的想法。

　　■ 优化想法：根据上述新想法，讨论如何满足不同的需求、解决面临的挑战？

　　■ 想法归档：放弃那些感觉太难或不感兴趣的想法，整理归档过程性材料。

（9）描述你的想法。

☆★ 提示

　　描述想法貌似是一个很简单的事情，但实际上，要描述好并非易事，下面为大家提供了一个描述想法的框架以供参考：

　　■ 为你的想法挑选一个标题；

　　■ 用一句话描述你的想法；

　　■ 解释这个想法实现的可能性和所需支持；

　　■ 说明实现这个想法将涉及的人员及其职责；

　　■ 列出问题和挑战。

实践练习

请尝试分析残障人士乘坐城市公共交通的痛点。

■ 你可以选择一类对象：视力残障、智力残障（轻度）、听力和语言残障；

■ 每人在便签纸上写下观点；

■ 每张便签纸写一个观点；

■ 形成尽可能多的观点；

■ 将所有产生的观点都记录在便签纸上。

（1）将所有观点进行归类，并根据痛点解决的迫切性和可行性两个维度，将观点贴在适当的区域。

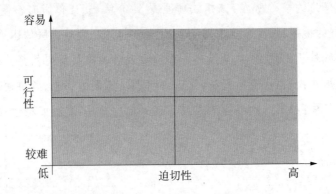

（2）选择并定义一个最想解决的一个问题，并进一步深化讨论。

◆ 发现想法的核心所在：为什么选择这个想法？该想法在哪些方面最具价值/最让你兴奋？要解决什么问题？

◆ 列出所有的挑战：缺少什么？谁会反对这个想法？最难克服的困难是什么？

（3）放弃那些感觉太难或不感兴趣的想法，整理归档过程性材料。

交流讨论

（1）对比之前的活动，你认为头脑风暴容易出现什么问题？

（2）如果让你去主持头脑风暴活动，应该怎么引导？

工具三　SCAMPER，带你破解思维困境

应用情境

• 围绕着主题讨论，但发现想法枯竭、束手无策时

• 希望通过提问来获取更多观点时

• 希望从多种不同角度进行思考以获取更多想法时

SCAMPER 法，由美国心理学家罗伯特·艾伯尔（Robert F. Eberle）创作。它是一个检

查列表,这个列表的目的是帮助我们拓宽解决问题的思路。在解决问题的过程中,如果到了束手无策的时候,就可以尝试从列表中显示的方向重新思考问题。这个列表最早是为头脑风暴设计的,旨在激活参与人员思路,起到发散思维的作用。

　　SCAMPER 是七个英文短语的缩写,同时也代表着七个解决问题的方向,这七个方向是:代替、组合、改进调整、放大/缩小、挪作它用、去除/精细化、翻转/重新设置,它是获取思路的有效方法之一,具体如下表:

Substitute	代替,包括成分、材料、人员等的取代,或与原有功能的整合
Combine	组合,与其他材料、东西或功能相结合
Adapt	改进调整原有材质、功能、外观、结构等,是否有改造的空间?
Magnify/Minimize	放大/缩小,包括放大、缩小、调整形状、规模等
Put to other uses	挪作它用,修改后用于其他用途? 供其他人或者在其他场合使用?
Eliminate/Elaborate	去除/精细化,去除某些部分或材料,或使某个部分更详细/完善
Reverse/Rearrange	翻转/重新设置,包括调换组件、改变顺序、颠倒过来等

案例分析

　　下面是一个运用 SCAMPER 法重新设计水瓶的例子:

SCAMPER	提出的问题	水瓶改进	优势
S—代替	哪些物品可替代使用? 我可以使用其他哪种材料?	不同的水瓶材料	与玻璃水瓶不同,塑料水瓶不易被打破
C—组合	可添加哪些内容? 如何将用途结合起来?	在顶端插入吸管	吸管直通水瓶底部,无需倾斜或提起水瓶即可喝到水
A—改进	如何调整以满足其他目的? 哪些情况与之类似?	利用喷水头给植物浇水	直接喷洒的水流给植物根部浇水
M—放大	若放大构件,会出现什么情况? 如何使物品变得更大/牢固?	体积更大的水瓶	更多的水,支持更有效的水合作用
M—缩小	如何使物品变得更小、更短?	更小的瓶底	可轻松放置于汽车杯架内
P—挪作它用	其他哪些人可使用它? 哪些产品可用于原始用途以外的情况?	完全颠倒	洗手台
E—去除	可以从它上面移除或取下哪些组件?	去除手柄	更大容量存水空间

続　表

SCAMPER	提出的问题	水瓶改进	优势
E—精细化	哪些部件可扩展或更精细化？	更大的底座	重心较低有助于防止水瓶倾倒
R—重新设置	能否更换内部构件？能否更改布局或模式？	将手柄从侧面移至顶部	更有效的人机工程学，盛装大量水
R—翻转	可以翻转哪些构件或将其放在相反的方向上？	底部水喷口	更轻松地使水喷射在杯子里

应用步骤

1. 确定研究对象。

以"讲台设计"为例，研究对象是讲台，讲台的使用对象则是教师。在上一章节"同理心地图"工具中，我们已经将研究问题聚焦在"灯光、多媒体、桌椅、水杯、衣架"等问题上。

2. 将大白纸划分为以下 11 个区域块，周围的每个方块对应写出 10 类问题的名称，分别为：S—代替、C—组合、A—改进、M—放大、M—缩小、P—挪作它用、E—去除、E—精细化、R—翻转、R—重新设置；然后在中间最大的方块里写上可实现的"想法"。

A—改进	M—放大	M—缩小	P—挪作他用	E—去除	E—精细化
C—组合	想法				R—翻转
S—代替					R—重新设置

3. 依次对 10 类问题进行提问，将问题写在便利贴上，贴在相应的问题栏位置。然后从这 10 个方向寻找灵感。

SCAMPER	解　释
(S)代替	• 什么材料或者资源能够用来代替或者更换以改进作品？ • 还可以使用哪些其他产品或工艺？ • 有什么规则能够代替？ • 还有什么其他地方可以使用这个产品，或者作为其他事物的代替？ • 如果你对该产品改变态度或者感觉，会发生什么？
(C)组合	• 如果你将该产品与另一个产品组合在一起进行创新，会发生什么？ • 如果把目的或者目标结合在一起会怎样？ • 你能联合什么可以使得该产品的应用最大化？
(A)改进	• 怎样才能改进或者调试该产品，以服务其他目的或者用途？ • 该产品还有其他相像的物品吗？ • 你能模仿谁或什么来改进该产品？ • 还有其他什么东西与你的产品很相像？ • 还能把你的产品放在其他什么情景中？ • 能使用其他什么产品使你产生灵感？
(M)修改 (P)挪作它用	• 如何改变产品的形状、外观或者感觉？ • 可以增加什么内容以修改该产品？ • 能够强调或突出什么以修改该产品？ • 强化该产品哪些因素能够创造出新的东西？
(E)去除/精细化	• 如何精简或简化该产品？ • 能够取消哪些没用的特征、部件或者规则？ • 如何使这款产品更小、更快、更轻或者更有趣？ • 如何移除产品的一部分？
(R)翻转/重新设置	• 如果用完全不同的多工艺或者顺序来操作会发生什么？ • 如果用完全相反的做法完成会发生什么？ • 能替换什么部件以改变该产品的顺序？ • 能撤销或替换哪些颜色？

以"讲台设计"为例，在一张大白纸画出 10 个区域块，分别写上 10 类问题的名称。按照问题进行依次提问，将想到的解决办法写在便利贴上，贴在对应的位置上。

■ 改进

   √ 多媒体可以自己调节亮度；

   √ 椅子高度可以自由调节；

   √ 用遥控器来控制灯。

■ 放大

   √ 放大多媒体讲台的屏幕；

   √ 把桌子变大，增加一个可以放衣服的空间。

■ 缩小

   √ 讲台体积变小；

   √ 把灯光的投射范围变小，这样屏幕不会完全看不清。

■ 挪作他用

   √ 桌子可以当作椅子用。

■ 去除

   √ 多媒体讲台前面的挡板去掉；

   √ 无线投屏，不需要多媒体讲台，教师可以在任何位置讲课；

   √ 不要在讲台上放椅子，影响教师走动。

■ 精细化

   √ 屏幕可以自动调节亮度，而不用灯光控制；

   √ 智能调光灯，自动调节适合人眼观看的亮度；

   √ 自动调节讲台高低。

■ 组合

   √ 椅子上可以增加挂衣服的结构；

   √ 椅子和多媒体的高度相匹配；

   √ 灯光开关控制按钮与多媒体讲台连接；

   √ 椅子后可以放衣服等收纳箱。

■ 代替

   √ 用沙发代替椅子，更舒服；

   √ 多媒体的桌面用鼠标垫代替。

■ 翻转

   √ 讲台放在教室最后，学生看黑板和大屏幕时不会被挡着；

　　✓　把灯光开关放在前面（之前是在教室后面）；

　　✓　讲台实现升降，需要时将讲台升起来，不需要时就降下去。

■　重新设置

　　✓　在教室设置衣架可以挂衣服；

　　✓　多媒体控制台上增加一个可以控制前排灯光的按钮。

4. 将生成的想法写在便利贴上，贴在中间的"想法"位置处。

将上述生成的想法进行归类，可以按照"灯光、多媒体、桌椅、水杯、衣架"这几个角度将其分类，删除意思相同的标签，然后按照类别贴在中间的"想法"位置处。

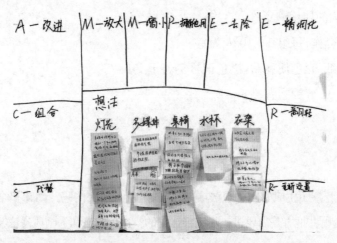

5. 想法足够多时，对想法进行聚类、投票，挑选比较"心仪"的想法。

小组成员共同对上述生成的想法进行投票，选择出票数较高，即大家都比较认同的想法，将其保留下来，进入到后面的设计方案及原型阶段。

6. 根据挑选的想法,尽可能地描绘出应有的功能。

实践练习

○● 任务

同样以"智能手机"为例,通过前面的 KANO 模型应用,你已经基本确定了哪些功能对于老年人来说是基本型需求/期望型需求/兴奋型需求,是需要被开发的,哪些需求是不必要的。针对这些需要,运用 SCAMPER 法展开头脑风暴,想出尽可能多的创意想法,以在更大程度上提升老年人的使用满意度。

【人数】小组合作,每组 5—10 人为宜。

【物料】大白纸,彩色便利贴,黑色记号笔若干支。

【时长】建议 30 分钟为宜。

交流讨论

各小组交流分享展示生成的创意想法,这些真的是老人需要的吗? 回味整个活动过程,做得好的地方有哪些,又有哪些地方是需要进一步完善优化的? 这种方法和头脑风暴法又有哪些不同呢?

工具四　九宫格,发散你的创新思维

应用情境

• 希望从多种角度审视主题,通过不断的发散思维寻找创意构思时

• 希望围绕某个主题进行深入探究时

九宫格思考法,又称为曼陀罗思考法,是一种利用九宫格矩阵图发散思考的方法。它又被称为诱发潜能的"魔术方块",通过它,我们可以在任何一个区域(方格)内写下任何事项,从四面八方针对主题做审视,快速跳离直线思考,快速地生成更多的奇思妙想,激发创意的潜能。

九宫格思考法

九宫格思考法是强迫创意产生的简单练习方法,很多人利用这种方式进行产品功能、策划方案、文章写作、PPT 结构等方方面面的构思。下面我们就来看几个应用实例,体会九宫格思考法的神奇魅力。比如,以中央主题为创想原点,尝试在外圈八格填入相同性质的事情,练习垂直思考的能力。如以"手机"为例,在现实销售手机过程中,你会如何介绍你的手机呢?这个时候就可以运用九宫格法进行思考,如图所示:

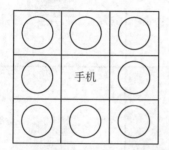

型号	功能	性价比
亮点	手机介绍	硬件
外形	案例展示	价格

再如,运用九宫格来规划人生[14]。首先,在九宫格中心位置写下自己的名字和出生日期,然后把人生按百年来进行规划,每 10 年作为一个单位,在九宫格内写下各个年龄阶段。

F	C	G
50～59岁	20～29岁	60～79岁
B	姓名:	D
10～19岁	生日:	30～39岁
E	A	H
40～49岁	0～9岁	80岁～

接着,运用九宫格把人生分为八个大的领域方向,如健康/工作/财务/家庭/社会/人格/学习/休闲,并以各个阶段为中心,将八个领域填在对应的八个格子中(以第二阶段为例):

6/人格	3/财务	7/学习
2/工作	B 【想象期】	4/家庭
5/社会	1/健康	8/休闲

最后,把所有的阶段都填上,形成一张大表,其实这是由多个九宫格组合成的 81 宫格了。

6/人格	3/财务	7/学习	6/人格	3/财务	7/学习	6/人格	3/财务	7/学习
2/工作	F【立志期】	4/家庭	2/工作	C【修行期】	4/家庭	2/工作	G【精进期】	4/家庭
5/社会	1/健康	8/休闲	5/社会	1/健康	8/休闲	5/社会	1/健康	8/休闲
6/人格	3/财务	7/学习	F 50~59岁	C 20~29岁	G 60~79岁	6/人格	3/财务	7/学习
2/工作	B【想象期】	4/家庭	B 10~19岁	姓名： 生日：	D 30~39岁	2/工作	D【创造期】	4/家庭
5/社会	1/健康	8/休闲	E 40~49岁	A 0~9岁	H 80岁~	5/社会	1/健康	8/休闲
6/人格	3/财务	7/学习	6/人格	3/财务	7/学习	6/人格	3/财务	7/学习
2/工作	E【初感期】	4/家庭	2/工作	A【梦境期】	4/家庭	2/工作	H【成就期】	4/家庭
5/社会	1/健康	8/休闲	5/社会	1/健康	8/休闲	5/社会	1/健康	8/休闲

案例分析

九宫格在写作中的应用案例

在九宫格的实际应用中,通常有两种应用方式:四面八方联想法和逐步思考法。四面八方联想法是一种没有设限的模式,比较适合于收集灵感;逐步思考法比较适合用来做流程性质的思考和安排。下面就以"写作"为例,体验这两种思维方式在寻找写作灵感、丰富写作素材中的应用,以在有限的时间内完成写作工作而又避免文章内容的枯燥。

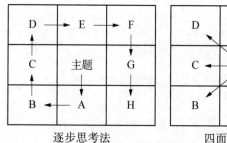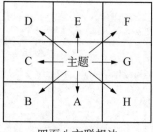

逐步思考法　　　　　四面八方联想法

如以"春游"为主题用四面八方联想法进行思考：

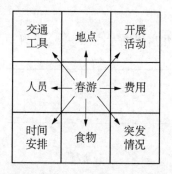

写作素材结束后，就开始建立文章的结构和布局。建立结构时可采用"逐步思考法"作为布局方法，使内容更加聚焦。如通过"逐步思考法"对北京一日游进行结构建构。

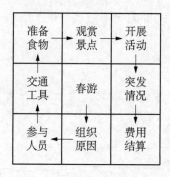

如此，在九宫格思考法应用结束后，整个文章的架构就非常清晰明了了，就可以直接开始着手写作了。

不同形式九宫图的使用，既能通过思维的自由发散寻找创意灵感，又能围绕着某个特定的主题进行深层次探究，以最终获得问题的解决方案。

应用步骤

运用九宫格思考法进行构思,可以参考如下步骤:

1. 确定研究对象。

△▲ 范例

以设计一款教学楼内使用的智能垃圾桶为例,研究对象为智能垃圾桶。

2. 在一张大白纸上画一个九宫格图示,在其中心位置写下主题关键词。

	智能 垃圾桶	

3. 从四面八方进行联想,在关键词周围的八个格子中填入自己想到的创意关键词。

☆★ 提示

　　填在主题周围八个格子中的关键词不要太长,不是一句话,而是一个词语,最好不要超过 5 个字。

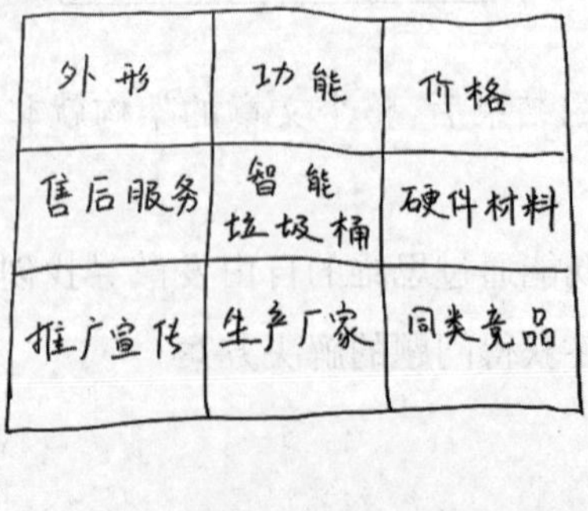

外形	功能	价格
售后服务	智能 垃圾桶	硬件材料
推广宣传	生产厂家	同类竞品

4. 继续发散，在九宫格的基础上，再对其余八个关键词进行拆分（在便利贴上写下联想到的其他信息，贴到其余的八个格子上）。如对上述关键词智能垃圾桶的"功能"进行拆分发散，写下联想到的跟智能垃圾桶功能相关的信息。

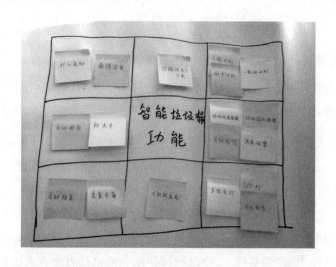

☆★ 提示

　　在想法特别多的时候，可以将九宫格延伸为 81 宫格甚至更多。

5. 将便利贴上的信息进行归类。在一张空白纸上写上要实现的功能，将属于该类功能的便利贴贴到该功能下方，直到清晰、明确的思路浮现在你的脑海中。

6. 将想法视觉化,可以通过多种方式表现出你的想法/功能,并对其进行适当标注。

实践练习

○● **任务**

运用九宫格方法展开思考,设计一款智能书桌。

【人数】小组合作,每组 3—10 人为宜。

【物料】大白纸,记号笔若干支,彩色便利贴。

【时长】建议 20 分钟为宜。

交流讨论

(1) 小组间互相分享所设计的"智能书桌",评选出最具创意的小组;

(2) 在上述"智能书桌"的基础上,尝试继续使用九宫格的思考方式进行接下来的功能开发,它可以帮助你快速理清思路及行动计划,不妨试试吧!

关键提醒

九宫格法,顾名思义为九个格子,但绝不仅限于九个格子的应用。在实际应用中常常将其延伸扩展为 81 个格子,甚至 512 个格子或者更多,然后再把这些想法精简,得出自己想要的解决方案或创意。在应用九宫格思考法生成灵感/想法时,必须要集中精力,观察凝视某个主题关键词,必要的时候可以忽略主题周边的细枝末节,以便灵感的迸发。利用"九宫格法"进行集思广益时,有些强迫创想的意味,也就是说,针对一个主题,你至少要想出 9 个点子。这在头脑风暴时很有用,一群人都以为创意枯竭的时候,由于有创意数量上的"强迫",往往会产生意想不到的好主意!

工具五 世界咖啡，助你挖掘集体智慧

应用情境

- 需要对某个开放性问题或挑战展开可能性探索时
- 需要通过汇谈来获取更多创意想法时

"世界咖啡"式汇谈（简称"世界咖啡"），是从学习型组织理论中发展出来的一种集体智慧激发模式，即通过营造好友们相聚在一起喝咖啡聊天的情景和氛围，在真诚互利和共同学习的精神下，进行心无障碍的轻松交流和畅谈，让深藏的思想碰撞出火花，形成集体智慧并且分享这种集体智慧。

目前，世界咖啡汇谈法已得到广泛地应用，它在操作上具有以下优势：

（1）跨界交流。我们可以和各个阶层、各种背景的成员们交流自己的想法，共同完成一个主题的讨论与交流，这种跨界的交流可能是我们在日常生活中没有机会去做的事情。

（2）智慧碰撞。在日常生活中我们接触到的伙伴大多与我们的背景、职业相似，所以思考问题的角度难免有些类似。但世界咖啡汇谈让我们有机会与其他人接触，了解他们的思维角度与方式，完善自身的思维方式。这样不同专业背景、不同职务、不同部门的人，针对一个或数个主题，发表自己的见解，互相意见碰撞，可以激发出意想不到的创新点子。

（3）创造行动。世界咖啡汇谈是一个创造的过程，它引导协作对话、分享知识并创造行动的可能性。由于我们的讨论围绕一个或数个主题进行，在这个过程中的思维碰撞，常常会给我们带来解决问题的方法或者引导行动的计划。

应用步骤

（1）按桌落座并选举会议负责人，称之为桌长，布置咖啡馆。

首先，要进行自我介绍，小组内的每一个人都互相了解之后，选取一个桌长为小组服务。小组拥有对咖啡馆的布置想法和思路后，布置小组的"咖啡馆"，准备好迎接后续同学的加入。桌长的选取需要根据一定的要求，对主题必须了解，必须足够积极主动，能够带动小组成员们的积极性，统筹小组内的事务。具体如下图：

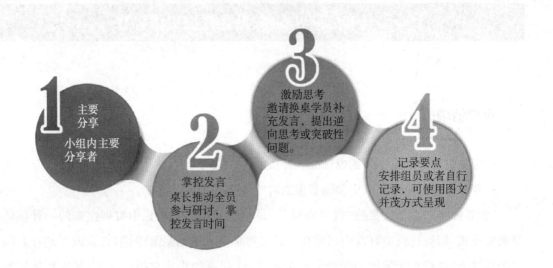

（2）会议第一轮：分小组进行主题讨论。

a）首先由桌长尽量在一分钟之内简单介绍主题，并宣布研讨流程。

b）不要求组员立刻开始讨论，应该设置3分钟左右的独立思考时间，让组员把自己的想法写在纸上，这样可以帮助组员理清想法，不易忘记。非常鼓励尽情发挥想象力。

c）小组内每位成员分享1—2分钟。

d）质疑反思，深度汇谈，10—15分钟。

e）最后由桌长进行总结2分钟。

☆★ 提示

在记录想法时，内容的呈现方式可以多样化，文字、画图、表格等都可以。为提升讨论的质量，可以在分享过程中利用"讲话棒"，让分享者拿着讲话棒进行分享，有一种正式的感觉，无形中提升讨论的质量。在每人分享结束后，大家要鼓掌感谢，可追问，例如，这样做的目的是什么？这个措施真的能执行吗？可能会有什么样的结果？

（3）会议第二轮：桌长不动，组员进行顺时针轮换，到其他小组内听取分享。

a）桌长向新来组员表示欢迎。

b）在3分钟时间内，总结、分享并介绍前轮成果。

c）新组员独立思考，并将思考内容写在纸上，1分钟。

d) 提问互动 2 分钟，新组员提问，桌长回答。

e) 新组员记录两点收获最大的问题。

f) 桌长总结 2 分钟。

☆★ 提示

　　考虑时间、场地、参与人数等因素，可适当增加轮换次数。每次轮换重复步骤三，直到小组成员将其他每个小组的分享都听完。

(4) 会议第三轮：回到原位，归纳讨论。

a) 小组成员回到原组。

b) 桌长向组员介绍其他小组提出的问题和反馈。

c) 组员向桌长分享在其他桌上学习到的内容。

d) 组内进行反复思考、分享和讨论，15 分钟。

e) 组内形成总结，提炼观点，生成初步设计方案，并将内容制成一个展示板。

(5) 参与者反思评价。

请各位成员安静地思考下列问题：

a) 这次会议你最喜欢的是什么？

b) 对于你所听到的分享来说，哪些是真正有意义，对你有帮助的？让你感到惊讶的内容是什么？你觉得对你来说具有挑战性的内容是什么？

c) 为了达到更进一步的目的，获得更深入的理解，我们必须去探究的内容是什么？

实践练习

○● 任务

请用世界咖啡法分析交流"合理规划假期时间"这一问题。

(1) 6—8 人一个小组,与不同的成员交流,贡献自己的想法;

(2) 每个小组总结观点,生成简单的设计方案。

【人数】小组合作,每组 6—8 人,3—4 组。

【物料】

(1) 大白纸、记号笔、卡纸、彩色便利贴等;

(2) 记录本和笔;

(3) 每组一台电脑(可选);

(4) 可以适当准备茶点或咖啡。

【时长】建议每轮 20—30 分钟,共计 3 轮。

交流讨论

请反思刚才的世界咖啡活动过程,思考并交流如下问题:

(1) 为什么有严格的时间管理?

(2) 为什么要准备一些茶点或咖啡?

(3) 为什么会留下桌长?

(4) 世界咖啡法有哪些原则和礼仪?

工具六　最终理想解,以终为始的思考问题

应用情境

• 需要寻求某个具体问题的解决方案时

• 希望优化某个产品时

IFR（Ideal Final Result）即最终理想解，是 TRIZ 理论[①]中一个非常有用、有趣的工具。它的中心思想是在解决问题之初，首先抛开各种客观限制条件，通过理想化来定义问题的最终解决方案，以明确理想解所在的方向和位置，保证在问题解决过程中沿着此目标前进并获得最终理想解，从而避免了试错法、头脑风暴法等传统创新设计方法中缺乏目标的弊端，显著提升了创新设计的效率。IFR 具有以下四个明显的特征[15]：

（1）保持了原系统的优点

在解决问题的过程中不能因为解决现有问题而使原系统的优点得到抹杀，原系统的优点通常是指低成本、能够完成主要功能、低消耗、高度兼容等。

（2）消除了原系统的缺点

在解决问题的过程中能够有效避免原系统存在的问题、不足和缺点。没有消除系统不足的不能称之为最终理想解。

（3）没有使系统变得更复杂

面对技术问题时，可能有成百上千的方案可以解决技术问题，如果使得原有的系统更加复杂，可能带来更多的次生问题，如成本的上升、子系统之间协调难度的增加、系统可靠性的降低等，那么不能称之为最终理想解。而 TRIZ 理论的重要思想是应用最少的资源、最低的成本解决问题。

（4）没有引入新的缺点

解决问题的方法如果引入了新的缺陷，需要再进一步解决新的缺陷，得不偿失。

案例分析

割草机改进的故事[16]

割草机在割草时，会发出噪音，消耗能源，产生空气污染，有时高速飞出的草还会伤害到操作者。现在的第一任务是改进已有的割草机，解决噪音问题。接下来看看用传统方法与 IFR 进行设计的差异。

[①] TRIZ 理论是阿奇舒勒（G. S. Altshuller）在 1946 年创立的，阿奇舒勒也被尊称为 TRIZ 之父。在阿奇舒勒的领导下，苏联的研究机构、大学、企业组成了 TRIZ 的研究团体，分析了世界近 250 万份高水平的发明专利，总结出各种技术发展进化遵循的规律模式，以及解决各种技术矛盾和物理矛盾的创新原理和法则，建立一个由解决技术，实现创新开发的各种方法、算法组成的综合理论体系，并综合多学科领域的原理和法则，建立起 TRIZ 理论体系。

在传统设计中,为了达到降低噪音的目的,一般的设计者要为系统增加阻尼器、减振器等的子系统,这不仅增加了系统的复杂性,而且增加的子系统也降低了系统的可靠性。显然,这不符合 IFR 四个特点中的后两个。而若用 IFR 来分析问题,会得到截然不同的创新设计方案,具体如下:

在对割草机进行改进前,先确定客户需求是什么。客户需要的是漂亮整洁的草坪,割草机并不是客户的最终需求,只是维护草坪的一个工具。割草机除了具有维护草坪整洁的一个有用功能之外,带来的是大量的无用功能。从割草机与草坪构成的系统看,其 IFR 为草坪上的草始终维持一个固定的高度,为此,诞生了"漂亮草种"(smart grass seed),这种草生长到一定高度就停止生长,如此一来,割草机不再被需要,问题亦得到了理想解决。

"割草机"改进的故事给了你哪些启发? 请思考生活中还有哪些类似的变革事件。

应用步骤

(1) 问题的选择。

例如:农场主人有一大片农场,饲养大量的兔子。兔子需要吃新鲜的青草,农场主人不希望兔子跑太远而看顾不到。现在的难题是:农场主人不大可能花钱请人割草,运回来喂兔子。

(2) IFR 思考流程。针对你所选择的问题,按照以下流程进行思考并回答:

√ 设计的最终目的是什么?

如:兔子能够吃到新鲜的青草。

√ 最终理想解是什么?

如:兔子永远能自己吃到青草。

√ 达到最终理想解的障碍是什么?

如:为了防止兔子跑掉,农场用笼子养兔子。

√ 出现这种障碍的结果是什么?

如:笼子不能移动,可被兔子吃到的草有限。

√ 不出现这种障碍的条件是什么?

如：当兔子吃光笼下的草时，笼子可移动到有青草的草地上。

√　创造这些条件时可用的已有资源是什么？

如：兔子和笼子。

针对这个例子，最终解决方法是：给笼子装上轮子，兔子可以自己推着笼子移动，去不断地获取青草。

针对你所选择的问题，最终解决方案是什么呢？

实践练习

○● 任务

在前面的"同理心地图"工具中，我们对讲台进行了重新设计。学习了"最佳理想解 IFR"之后，对于创新讲台设计是不是又有了新的想法？下面就请用"最佳理想解 IFR"工具来重新定义讲台，抛开所有限制条件，设计一款你理想中的讲台吧。

（1）请以5—6人为一个小组，聚焦这一给定的问题，每人根据最终理想解的应用思考流程先独自进行思考，再进行组内分享与阐述。

（2）每位成员阐述完毕后，经过组内讨论达成共识，生成一个完整的思考程序，最终确定一个最终理想解。

【人数】小组合作，每组5—6人为宜。

【物料】每组大白纸1张，记号笔若干支，便利贴，透明胶带1卷。

【时长】建议每轮10—20分钟为宜。

交流讨论

（1）小组之间展示分享最终理想解的确定过程中，哪些是拟解决问题的核心影响因素？在评估各因素的过程中，分别进行了怎样的思考？

（2）考虑生成的最终理想解是否能够真正解决问题或提升问题解决的效率。

（3）讨论：和前面所学习的同理心地图、头脑风暴等方法相比，最终理想解有什么独特的优势？

工具七　KJ 法，帮你理顺凌乱的思绪

应用情境

- 在未知的领域，没有现成的理论、规则和指导意见时

- 想法非常多、零碎且杂乱，难以理清思路时

- 借助便签的方式进行操作，保证大家同时抛出观点，而不存在对抗关系时

KJ 法又称 A 型图解法、亲和图法（Affinity Diagram），是将未知的问题或并未接触过的领域的相关事实、意见或设想之类的语言文字资料汇总起来，利用其内在的关系进行归类、合并，以便从复杂的现象中整理出思路，抓住实质，找出解决问题途径的一种方法。

KJ 法的创始人是东京工人教授、人文学家川喜田二郎（Kawakita Jiro）。经过多年的野外考察，他总结出一套科学发现的方法，将看上去根本不想收集的大量事实如实地捕捉下来，通过对这些事实进行有机的组合和归纳，发现问题的全貌，建立假说或创立新学说。后来，他将这套方法与头脑风暴法相结合，发展成包括提出设想和整理设想两种功能的方法，即 KJ 法。

简言之，在通常问题解决中，我们可能有基本的解决思路，这个时候顺着思路寻找具体的方法即可，属于自上而下的问题解决方法。而当面对一些较为复杂的问题，完全没有解决思路，想法也非常零碎杂乱、毫无逻辑时，KJ 法则是不二之选。它可以通过对想法进行整理归类，将相同意思的标签放在一起，从而找到最终的解决方法，属于自下而上的解决方法。

□■ 注意

KJ 法适用于解决那种非解决不可，且又允许用一定时间去解决的问题。对于要求迅速解决、"急于求成"的问题，不宜用 KJ 法。

应用步骤

1. 确定问题：明确一个需要讨论解决方案的问题。

近期学校发布了一个"家庭机器人"的主题科技活动，李华想做一款扫地机器人参赛，但

不确定产品定位,所以邀请小组成员一同参加,确定产品定位、功能等。

2. 头脑风暴,枚举问题。以小组的方法共同枚举针对当前所存在问题的解决方案。

首先,小组成员要清晰地了解问题情境,然后进行头脑风暴,尽可能多地枚举针对具体问题的解决方案,并以关键词的形式写在便利贴上。

例:小组成员尽可能地枚举关于扫地机器人产品功能定位的问题解决方案,并以关键词的形式写在便利贴上。每个便利贴上写一个关键词,每个人尽量用一种颜色的便利贴进行书写。

3. 展示分享观点。接下来,小组成员将写有关键词的便利贴在大白纸上。第一个人可以随意散贴,后面的人应尽可能地将自己的便签与同一类别的问题贴在一起。贴好之后,整个白板上已经布满了不同颜色的便利贴。

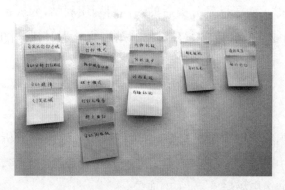

4. 对观点进行分类。

首先,让大家依次念一下自己写的便利贴,成员间如果有不懂的可以随时提问,确保一些含糊词语的含义得以明确。

接下来是关键的一步,全场安静下来,给大家一定的时间(如 10 分钟),让大家对大白纸上所有便利贴进行分类,即通过合作把有某种关联性的便利贴聚合到一块儿。第一次分类,可能有一些类别中包含了很多项,接下来任务就是在大类下面划分小类。不能归类的便利贴,每张自成一组。

5. 对分类进行命名。分好类之后,给每一个类别起一个清晰、准确的名字。例如:路径规划、材质外形等,如下图所示:

6. 整理分析便利贴。对于已经分类后的不同组别便利贴,分析各组便利贴的关系及优先级,进而得到解决问题的综合方案。在对便利贴进行整理时,既可由个人进行,也可以集体讨论。

□■ 注意

在对便利贴内容进行优先级排序时,可以采用二维象限分析法来进行客观排序。在这个案例中,我们可以从可行性和创新性两个维度进行考虑,并将分好类的便利贴放到对应的象限坐标上,如下图所示:

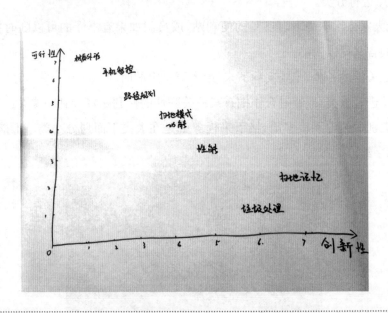

实践练习

【问题情境】

学校每年都有新年联欢会,但由于忙于准备考试,所以总是有那么一些同学不积极、踊跃,节目准备的时间也很仓促,以致于联欢会上的节目不够精彩。现在,联欢会策划人提前三个月就考虑这个问题了,怎么才能让更多、更精彩的节目涌现出来呢? 请使用 KJ 法来帮助联欢会策划人解决这个问题,集思广益,设计一个有效且可行的招募和激励方案让更多、更精彩的节目涌现出来。

○● 任务

6—8 人一个小组,以新年联欢会为研究对象,研究其节目不够精彩的原因,并生成大量建议,最终帮助联欢会的策划人完成表演者招募和激励的方案。

【人数】小组合作,每组 6—8 人为宜。

【物料】大白纸,黑色记号/水彩笔若干支,不同颜色的便利贴。

【时长】建议 20—30 分钟为宜。

交流讨论

小组互相展示"表演者招募和激励的方案"及分享 KJ 法应用的整个活动体验过程,挑选出做得最好的一个小组,思考这个小组做得好的地方在哪里? 自己的小组应该如何改进?

工具八　二维象限,筛选排序有妙用

应用情境

- 已经生成了大量想法,需要对其进行优先级排序时
- 需要将讨论过程聚焦在某几个思维想法上时

二维象限分析法是指将事物的两个重要属性作为分析的依据,进行分类分析,找出问题解决方案的一种方法。因其直观清晰、注重分类、简便快捷等优点而被广泛地应用于营销管理、产品分析、战略分析等多个领域。

应用步骤

1. 划分属性

首先,我们需要将事物划分为两个重要属性 a 和 b,分别作为 x 轴和 y 轴,组成一个二维坐标轴。

【案例】随着学习压力的增加,我们每天都在感叹自己的时间不够用,每天都有做不完的功课。由于各学科任务繁多,还经常有一些临时性的琐事,会导致我们没有头绪,抓不住重点。如果不能妥善地安排自己的时间,进行合理的任务规划,会严重影响学习效率。运用二维象限分析法可以很容易地将事情安排、计划得井井有条,不仅让学生抓住了重点,而且能够保证高效完成。下面,我们就来用二维象限分析法进行时间管理。在时间管理中,我们以任务的重要性和紧迫性为两个重要属性。

2. 刻度判断

x 轴、y 轴的刻度以数字和大小、高低、长短、是否等概括一种情况下的两种表现为主。对于刻度表现的判断有定量和定性两种方法,通常采用最多的是定性的方法,个人或团体根据对事物属性的认识判断来评定刻度表现。根据刻度划分,用直线画成"田"字形,这样就做成了二维四象限分析方块。

案例:在时间管理中,重要性是根据任务价值的大小一分为二;紧迫性是以完成期限的长短一分为二,从而划分为四个象限。

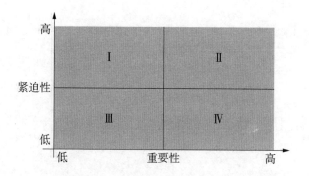

3. 进行分析

在分析的过程中，将每项事情进行 x/y 两个属性的分析、权衡，再将事项逐一填入每个象限方块中。根据对四个象限的优先级排序选择几个最具价值的项目。如果某个象限的项目数量较多，仍然不容易做出选择时，可以对其进行投票，或继续新一轮的二维坐标分析，直到筛选出较为满意的项目。

案例：本例中优先选择重要性高、紧迫性高的任务（第二象限），先行完成。如果第二象限的项目数量较多，可进行进一步的分析及选择，如新一轮的二维坐标分析。

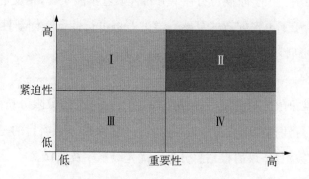

实践练习

○● 任务

针对"智能台灯"的主题，以创新性—可行性作为重要属性进行分析，并将生成的大量想法进行优先级排序，挑选出 1—3 个最具价值的想法。

【人数】小组合作，每组 3—10 人为宜。

【物料】大白纸，黑色记号笔，彩色便利贴。

【时长】20—30 分钟。

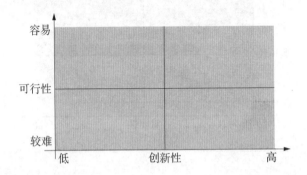

交流讨论

（1）小组之间展示分享想法的筛选过程，并回答以下问题：最终筛选出了几个想法，分别是什么？为什么选择了这些想法？

（2）继续管理想法。很多时候可行性低并不代表着不能实现，相反恰恰这些看似天马行空的想法给予了更多创新的灵感。尝试着将可行性低—创新性高的想法转化为可行性高—创新性高的想法，发现更多的可能。

熟悉了二维象限分析法后，我们可以试着进行三维的象限分析。如下图所示，选择创新性、可行性和实用性三个重要属性，分别为每一个项目的三个不同属性进行打分，进行分数汇总，最后根据总分进行优先级排序及选择。

	创新性	实用性	可行性	总分
xx xx	5	10	8	23
xx xx	6	7	6	19
xx xx	9	10	10	29
xx xx	9	6	8	23

关键提醒

二维象限分析法多适用于从两个维度对想法进行优先级排序,若评判标准为三个(如创新性、实用性、可行性)或更多,则可以将其转化为以"打分"的方式对想法进行全面评估,以挑选出更具创意且有实现价值的想法。

本章小结

本章主要介绍了创新设计思维的第二个步骤:如何集思广义。在真正通过集思广义生成大量的创新想法之前,需要掌握一种必备的创新提问法:How Might We 问答法,以帮助使用者用最佳的措辞提出正确的问题;接下来,在头脑风暴、SCAMPER、九宫格、世界咖啡、最终理想解 IFR 的帮助下尽可能多地发现问题解决方案;在该过程中,可能会生成大量零碎、杂乱的想法,这个时候可以应用 KJ 法、二维象限分析法来理清思路,对解决方案进行优先级排序,以快速辨析出有待进一步探索的问题解决方案。

下表对这几个小工具的使用情境进行了简单的区分,以帮助使用者根据具体情境合理选用这些工具。

过程	工具	适用情境
创新提问	How Might We	需要以鼓励创新的方式来提出问题时
生成想法	头脑风暴法	通过座谈会的形式,围绕着某个话题产生大量的想法时
	SCAMPER 法	希望通过结构性的思维方向来寻找更多创意想法时
	九宫格法	通过强制性发散思维寻找创意想法时
	世界咖啡	涉及到跨部门、跨专业的问题,希望在轻松交谈的环境中探讨并获取创新想法时
	最终理想解 IFR	希望跳出当前的客观条件限制,通过直击理想结果的思考方法来找出问题解决方案时

续　表

过程	工具	适用情境
整理思路 筛选想法	KJ 法	没有现成的归类方法,同时又面临大量想法,希望对这些想法进行分类梳理,并有一定的时间来解决问题时
	二维象限分析法	需要对多种想法的创新价值做出评估时

自查问题

（1）创新提问法的具体发问方式是什么？

（2）头脑风暴法的使用有哪些注意原则？

（3）SCAMPER 法代表了哪七个思维发散的方向？

（4）简述"世界咖啡法"的使用步骤。

（5）试分析 KJ 法、二维象限分析法、直观投票法在使用过程中的不同,当需要对想法做出理性分析时,选用哪种工具比较合适？ 当需要对想法做出快速决策时呢？

本章练习

延续上一章中选择的主题（"食堂用餐记""遗失的彩虹""梦想改造家"）及发现的问题,运用本章学到的工具来生成更多想法、整理思路,并且思考回答以下问题：

■ 你将用哪种或哪些工具来开发更多的创意？ 为什么选择这些工具？

■ 你将用哪种或哪些工具来对开发出来的创意进行优先级排序？ 为什么？

■ 最后选择的创意和解决方案是什么？

第四章　如何快速原型

在团队成员以头脑风暴的形式集思广益地构思产品或服务时,会产生很多想法,这些想法经常会以一个个抽象的概念、文字描述或口头表达的形式出现。面对这些概念、文字表述和口头表达,不同的人建构出来的内容很有可能大相径庭,这样会导致互相交流的人们看似热烈积极,其实并不在同一个"频道"上对话。如何让人们快速理解彼此的想法,进而形成共识呢? 这就需要尽早将这些想法可视化地"描绘"出来,帮助参与其中的所有人直观地理解这些想法所代表的实体、情景、流程,进而形成一致的认知,有助于有效的反馈。

原型是一种让用户提前体验产品、交流设计构想、展示复杂系统的方式。原型通常用于展示、测试、沟通、改进等。原型本质上是一种测试工具,因此探索功能或方向、实验一些想法是它最主要的目的。通过创建原型来增加沟通效率,学习他人的见解,理解他人表达的观点是一个常用方法。很多时候人们并不知道他们想要什么,还来不及开发成熟的产品,但可以试着做一个简单的原型来展示他的想法。原型可以与用户或利益相关者直接接触,而不停留在口头上。这意味着我们可以持续地收集更真实的接触和使用体验,从而为未来的设计工作提供依据。在原型的基础上,可以更快地修改,从而节省时间和金钱。在没有成熟产品之前我们能通过原型来获得用户乃至投资者的认同,及时在早期推销我们的想法,以确保它能引起用户的兴趣,然后就可以去开发真正的产品。

工具一　草图绘制,让创新的想法更具有解释力

应用情境

- 需要用简单的纸笔来直观地描述想法时

● 想法还比较模糊，停留在对概念的理解上，需要进一步增强理解时

"草"，显而易见，说明还处在构想之中，头脑中都是不确定的和跳跃性的要素，处于意向和形象形成的最初阶段。"图"，既具有可视化的特点，也能够表达大致的比例及物体的准确度。因此，"草图"以能够表达作者的基本意向和形象为佳，对于意向和形象的精细度和内容详实程度不做高要求。值得说明的是，草图的绘制不同于绘画，因为根据草图的本质，草图更加强调通过可视化的手段明了、清晰、高效地表达想法，让一些创新的点子具有解释力。

只要抓住草图绘制的本质，简单的纸笔也能够有效地描绘和呈现想法。当然，在一些更为专业化的场合，也有一些数字化的技术工具，如 Sketch Up、墨刀等专门支持草图的绘制。

应用步骤

一般来讲，草图绘制的应用步骤包含如下几个环节：

（1）描述目标用户面临或亟需解决的问题；

（2）从多个维度、多个视角全面绘制设计草图；

（3）（如果是团队合作）投票选出最佳创意；

（4）展示分享绘制好的草图（主要包含整体设计和局部细节展示）。

下面就以"讲台设计"为例，介绍一下草图绘制的具体过程和注意事项：

1. 回顾目标用户及其所面临的问题：讲台存在的问题及教师在使用过程中所面临的问题。

在前面的章节中，我们已经通过同理心地图、SCAMPER 等工具发现了教师在使用讲台过程中存在的问题，可总结概述为以下几点：

● 灯光：①灯光开关位置距离讲台较远；②前排灯光亮度过高导致屏幕看不清楚。

● 多媒体：①多媒体控制台下面的空间太小，教师坐着的舒适度不够；②多媒体一体机上电脑屏幕过小；③投屏切换较为麻烦、存在不灵敏的情况。

● 桌椅：讲台高度过高或过低，不能适合所有教师。

● 水杯：①讲台上没有放水杯的位置；②水杯容易倒。

● 衣架：没有放衣服的位置，教师时常随便找个地方放。

2. 你的想法对解决这些问题有哪些帮助？用草图描绘出你的想法。

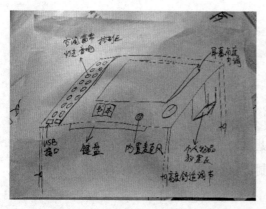
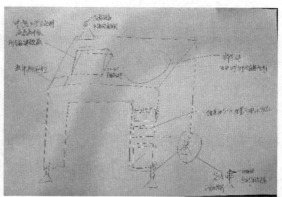

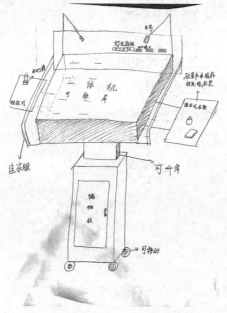

☆★ 提示

　　草图绘制过程牢记"越简单越好"。过程中只画出必要的,能表达出想法的思想即可,不一定要画出完整的实体。

　　3.（可选）你设计的创意如何使用？画出几种用户使用它解决问题的场景。如教师使用你设计的讲台解决潜在问题的场景。

　　4. 投票选出小组内最有价值的一个设计进行深入探讨。

实践练习

○● 任务

在前面的 SCAMPER 工具使用环节中,针对老年人使用的"智能手机"优化设计,你一定有很多想法,从中挑选出一个你认为最具创意的想法,用草图绘制的方法将其描绘出来。

【要求】从多个维度、多个视角进行草图绘制;若创新的是某个细节,注意突出放大该细节。

【人数】小组合作,3—5 人一个小组。

【物料】

√　宽记号笔——要突出表现对象时使用;

√　细记号笔——用于绘制主要图形;

√　超细记号笔——用于绘制较小的细节;

√　30%或 40%灰色马克笔——用于添加阴影以及让特点区域深入背景中;

√　荧光笔——用于绘制关键点,例如交互区域;

√　一沓绘图纸;

√　便利贴;

√　小贴纸;

√　计时器。

【时长】建议 45—60 分钟。

交流讨论

(1) 小组展示绘制的草图结果,分享设计背后的故事和想法;

(2) 根据教师和学生给出的设计建议,继续完善草图设计。

关键提醒

要记住,草图绘制,并非创作艺术作品,而是信息的传达。在完成草图之后,应该问自己的是"这些草图可以帮我更好地和用户(团队成员)沟通吗",而不是"这些草图够不够酷啊"。

"UBU（丑但是有用）远比漂亮但是没意义有效。"

工具二　故事画板，讲述故事的连环画

应用情境

- 当想法或解决方案包含若干个场景或情节时
- 想帮助用户充分理解一个想法，需要采用直观化、故事化的设计来说服用户时

设计思维工具不只应用于产品设计，也可以应用在作业流程、经营模式、组织运作等服务设计中，用以帮助人们构思具有创新性的服务系统。通过讲故事的方式把自己的想法观点传输出去，用户不仅可以直观地理解，还能被故事感染、打动。当很多离散的想法被一个个抽象的概念或文字的描述时，大家不一定有直观的认识。如何让大家很快有一个共识，理解想法的真正含义？在对想法进行磋商时，就需要将想法利用视觉艺术"描绘"出来，直观地理解想法所代表的实体、情景、流程等。

与草图绘制相比，故事画板法能够连续、完整地诠释一个想法或解决方案，帮助不同专业背景的人理解具有互动式、类似电影情节的连续关键点，从而理解整个服务的优势。

故事画板是一个简单、快速、低成本的原型制作方法，此方法由迪士尼工作室在 20 世纪 30 年代提出，最初用于电影制作，今天已广泛地应用于创意创新领域。故事画板法是一种可视化的沟通方法，将我们的想法按照步骤、用连环画的方式清晰地展示出来，然后排列在一起，以此表达用户如何使用一款产品（如网站或 APP）[17]。

应用步骤

当前学校、企业均存在着食堂打饭拥挤、插队情况严重等问题。食堂排队、点餐、结算等方面的智慧解决方案可以在一定程度上解决这一问题。通过绘制故事画板，可以更加直观

地呈现具体解决方法。

(1) 确定角色、情境

每一个故事本质上都有一些共同点,我们将其抽象出来,作为故事板的基本要素,即人物特征、场景等。人物特征包括人物的外貌、衣着、行为等,制作故事板的关键就在于通过这些外在特征表现出人物的想法。场景,即故事发生的地点、环境等。如该故事中的人物和情境为:一个学生在学校食堂的 2 号窗口打饭、刷卡的情景。

(2) 聚焦情节

在产品设计中,我们在每个情节都会遇到需要改善的问题,这个时候要注意,每次只能聚焦一个问题。比如从学生用餐的全流程来看,可能就存在如下几个需要改善的问题:

情节一:排队买饭,有人插队,队伍很长也会堵着路;

情节二:刷卡的时候,人工计算费用耗时,且经常会刷错钱;

情节三:一个人吃饭的时候,会很无聊;

情节四:吃完饭垃圾分类问题。

可以采用思维导图的方式头脑风暴,将所有能想到的问题全部记录下来,这也将成为你绘制故事画板时的"备忘录"。在该例子中,我们将重点聚焦在情节二:刷卡时人工计费耗时且常会刷错钱。

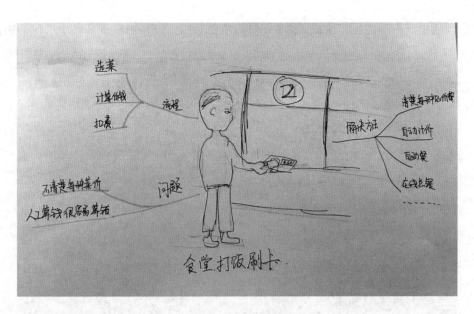

（3）疯狂绘图

把一张白纸对折三次、展开，这样一张白纸就被平均分成了 8 个区域。这时就需要针对所聚焦的问题情节，画出解决方案，注意每个区域都需要画一个草图，每个草图只用 40 秒。如在本例子中，针对刷卡时人工计费耗时且常会刷错钱的问题，就给出了 8 种解决方案，如下图：

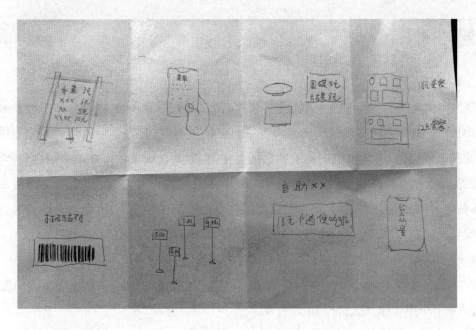

（4）绘制故事板

在上面 8 个可视化解决方案中，挑选出一个最让你满意的，再花 5 分钟进行完善，丰富细节,把它画成更具细节的用户画面,添加必要的角色对白/旁白,用故事来展示用户如何使用。

实践练习

○● 任务

创客空间是动手制作、思想碰撞、跨界协作、创意交流的实践场,深受众多学校及师生的喜爱。目前也有越来越多的学校已经拥有了自己的创客空间,为学生的创新实践提供了极大的便利。同样的,A学校也配置了一个创客空间,但其规划设计得并不是很合理:学生经常会因为地上的插座绊倒,后排位置的学生并不能总是看清楚显示屏,桌子上总是乱成一团,各种物料堆积在一块,时常找不到需要的材料在哪里……基于此,请你为该创客空间的优化设计出谋划策,描绘一个你理想中创客空间的样子,具体要求如下:

1. 运用故事画板法,通过连环画的形式进行描述,注意故事情节的拆分;

2. 挑选不少于4个故事情节进行描绘,可以从桌子的摆放、显示屏、讲台、插座等多角度考虑。

【人数】小组合作,每组5—10人为宜。

【物料】大白纸、A4纸、彩色纸、彩色笔、便利贴。

【时长】30—40分钟。

（1）小组展示分享制作的故事画板，思考它与草图绘制方法的不同之处。

（2）继续完善你的故事。将各小组所绘制的故事连在一起，成为一个完整的故事，讲给其他人听。若其他人很容易就能想象到你所描绘的创客空间的样子，则说明你是成功的；若不能明白，思考一下如何继续完善你的故事画板，直至清晰地呈现出完整的故事。

工具三　物理模型，让抽象的想法具象化

应用情境

- 需要展示立体产品时
- 需要呈现实物上的更多细节时

在日常生活中，我们时常会有一些天马行空的想法，需要借助道具模型才能表达清楚，这时物理模型法就成为一个非常适合的快速原型工具。

物理模型法是指通过物理材料来解释抽象的想法，是解决问题的过程中及产品设计原型的一种常用方法。支持物理模型制作的工具很多，常见的有纸板、彩色纸张、乐高套件、橡皮泥、3D 打印机等。下图是运用 WEDO2.0 套件对垃圾回收车的创意改造。

物理模型法主要有以下三个特性:第一个是模型的抽象性,理想化的模型是对具体事物的抽象和提炼,而非面面俱到的细节呈现。第二个是模型的近似性,所建立的模型只是近似地反映被研究的客体而不是直接等同。第三个是模型的相对性,所建立的模型都是有条件的、相对的,离开一定的条件这种模型就不能成立。

案例分析

案例一:我们先来看一个物理学中常见的例子。我们都知道,日常生活中最常见的光源——灯泡,其灯丝的形状比较复杂,灯泡的外形和大小也各不相同。但在物理学中,灯泡外形上的差异是次要因素,我们需要的只是它发出的光。因此,我们经常忽略灯泡的大小、外形等次要因素,而将灯泡简化成一个能发光的点,称为"点光源",这便是一个最简单的物理模型法的应用。

案例二:某学校为了改善学生的学习环境,决定为学生定做一批新的课桌,为了更好地了解学生的需求,以及这些需求的可行性,该校决定让学生们运用纸板、纸张、胶棒等材料对课桌进行重新设计,以此作为参考。

应用步骤

(1)主题及物理材料选择

根据具体的研究问题,选择合适的想法或者主题,并思考如何将其进行物化实现。根据想法的具体实现及模型制作的需要选择合适的物理材料。

比如,规划学生活动中心的时候,想要建设一个学生社团的专属区域。同学们可以选择身边的纸箱等材料制作楼房模型,展示自己的设计理念。

(2)关键的需求及功能拆分

对目标物体关键的期望需求及基础功能进行拆分。

比如社团区有一楼展示区域、咨询区域,二楼休闲区域、工作区域,等等。需要注意的是,该步骤往往需要观察者亲身体验与目标物体相似的实物的使用感受,或是对使用者施以访谈,这样的效果最佳。

(3)分工制作

对小组人员进行分工,分别运用手上的物理材料制作完成相应的部分。

注意,根据组员的特点进行分配,如擅长绘画的负责模型的美工,擅长实践的负责机械工具的使用,等等。

(4)模型描述及反馈。

邀请其他人对模型进行检查,向其重点描述模型的设计起点、设计理念和功能,邀请他人进行点评,同时注意记录评价的内容和建议,为后期修改模型提供指导。

如何完成一个好的物理模型?

【设计原则】

1. 材料的选取可以不苛刻,便于"就地取材"。

2. 该模型是对实体的一种适当的简化,但仍要注意实体各部分的真实比例。

3. 小组成员间通过分工合作来共同完成任务。

【提示】

1. 若几个小组的原型设计想法相同,最好每个小组选择不同的角度进行物理模型制作。

2. 善于运用便利贴、橡皮泥、积木的灵活性,通过不断地改变/移动其位置来实现原型的各种功能。

3. 录像是一个非常好的工具,可以帮助非常完整地记录展示过程。

实践练习

○● 任务

回顾日常生活中你觉得富有创意的物品或者地方,用物理模型法将它展示出来,表达出它的创意点,并跟你的小伙伴交流分享。

【要求】选择适当的材料,将想法通过物理模型展示出来;通过模型可以让他人很容易看出该物品的创新之处。

【人数】小组合作,3—4 人为宜。

【物料】纸板、A4 纸、大白纸、彩色纸张、乐高、橡皮泥、胶棒/胶水、剪刀、彩笔、便利贴、牙签、彩带、3D 打印机等。

【时长】建议 20—40 分钟。

交流讨论

(1) 通过物理模型的制作,是否发现了当前想法中存在的不足之处? 如果有,有哪些可以改进的地方?

(2) 针对想法的可改进之处,继续修正模型,完善想法。(注意物理模型的快速迭代,重在功能上的修正,不纠结于细节)

工具四　角色扮演,成就你的明星梦

应用情境

- 已经把想法/主题限制在某几个角色时
- 需要动态的、富有真情实感的、通过人来展示/体验某个想法时

角色扮演(Role-playing),又被称为扮装游戏,是人与人之间的一种综合性、创造性的情景模拟活动。进行角色扮演时,应让扮演者们面对一个真实的、涉及价值争论的问题情境,组织扮演者们分析所提供情境中的矛盾,需要他们扮演情境中的某些人物角色,最重要的是角色扮演者是否能够采取不同的方法或方式化解矛盾、解决问题。在活动进行过程中,角色扮演者以所扮演角色的身份进行较为真实的社会性交流、互动。通过这种方式,角色扮演者可以深刻地体会所扮演角色的特点,从问题的解决中获得极大的愉悦感和成就感,此段经历也会帮助其更好地理解角色,观看者也可以更加生动、形象、细致地理解角色、流程与服务的本质。角色扮演形式多样、不受限制,包括话剧、情景剧、小品、电影等。

角色扮演因其独特的优势被逐渐引入创新创意的原型设计之中,与上述其他原型设计

工具不同的是,使用角色扮演工具来表现想法的过程动态直观,生动有趣,有较强的带入感和融入性,易理解。其缺点是,为了较为真实地模拟情景、前期准备时花费的人力、物力和精力也会相对较多,复杂性稍高。

案例分析

如果我们要向别人表述一个产品或者商店的服务优于它的竞品,并让他们更直观地了解这种差别,该如何体现出来呢? 比如,海底捞火锅的服务究竟比普通火锅店好在哪里呢? 此时便可以利用角色扮演法,对两个火锅店里的同一场景,比如对等待叫号的场景分别进行角色扮演,身临其境地感受一下其间的差异。

在普通的火锅店等待叫号的时候,通常是在店门口设置一排小凳子,顾客们百无聊赖地看着来回的行人和手中的宣传单。

而在海底捞店的等待,却成为了一种愉悦:手持号码等待就餐的顾客,一边等待着叫号信息,一边接过免费的水果、饮料和零食,人多的话还会有扑克牌、跳棋之类的桌游供大家打发时间,同时还有免费的美甲和擦皮鞋的服务。

在上述应用案例中,你觉得角色扮演法的优点是什么? 在扮演过程中有哪些需要注意和避免的事项?

_____

_____

应用步骤

(1) 主题的选择

根据具体的想法或者研究问题选择,设计合适的故事主题。如想要研究人与动物的区别,可以设计体现人类情感智慧的主题等。

注意:故事主题不要求复杂,而要求精简,起到提纲挈领的作用,最好能用几句简短的话就将其叙述清楚。

(2) 故事表现方法的确定

选择合适的故事表现方法,使主题的表述更加深刻,便于理解。比如,可以运用对比来突出主题,运用留悬念的方法来表现创新之处等。

需要注意的是,本方法的重点在于表现想法,表演时切忌喧宾夺主。

(3)故事场景的描述

设计主题场景及各个分场景,可以选用文字脚本、画草图等形式来事先描绘各故事情节。

(4)角色分配

分配角色,小组成员根据喜好、性格等选择适合自己扮演的角色,事先进行准备;既可以选择原汁原味地重现案例内容,也可以发挥自己的想象,在不改变原故事基本走向的前提下,适当夸大人物表情动作,合理增加人物对白及情景细节等,以达到更理想的效果。

☆★ 提示

若几个表演者的表演方式相同,最好让他们选择不同的角度进行演绎。

---

(5)布置环境、上台表演

利用桌子搭建场地,各小组根据实际需要准备道具;真实演绎出对创新想法的理解和体验,并以视频或拍照的形式记录整个表演过程。注意道具的选择要以"就地取材"为原则,拒绝铺张浪费。

(6)讨论点评

邀请他人对整个表演过程进行讨论和评估。注意,讨论评估的重点不是表演的水平如何,而是所表现出来的产品或服务是否有价值,是否需要进一步修订和优化构思。

☆★ 提示

在角色扮演中,要注意:

1. 围绕着对"创新想法"的全面展示进行表演,把握好时间;

2. 要处于一种充分参与的情绪状态;

3. 注意肢体语言、道具的灵活应用,避免只是简单的叙述说明。

实践练习

○● 任务

"共享"的商业概念如今已经为大多数人所熟知,共享单车、共享充电宝甚至共享公寓胶囊等已经遍地开花,请你和小伙伴们挑选其中的一个想法或者主题,通过角色扮演法来体现这种想法的创新性及便捷性。

【人数】小组合作,4—6 人为宜。

【道具】大白纸、A4 纸、彩色纸张、便利贴、胶棒等,也可根据不同的情境及扮演的角色,借用服装(可选)。

【时长】30—40 分钟。

交流讨论

(1) 观看表演视频,反思角色扮演的过程:创新想法是否得到了完整的演绎? 表演够投入吗? 时间把控得如何? 是否发生了明显的失误? 哪些地方是可以进一步改进的?

(2) 通过角色扮演,对创新想法有哪些新的理解和认识,如何进一步完善它?

(3) 角色扮演适合呈现哪一类的创新活动?

工具五　移动 Demo,动态展示你的方案

应用情境

- 打算开发移动 APP,需要快速、直观地展示时

- 需要在电脑、ipad、手机或其他智能设备上展示想法或解决方案时

Demo,即 Demonstration 的缩写,表示"示范""展示",常指具有示范或展示功能的事物。这里的 Demo 指的是一种原型,主要是用来展示想法、方案或产品特点的简易样例或未完成的产品版本。它往往是在产品尚未完成,但初具想法的时候,用来对潜在用户、投资人等进行展示想法的可行性,用以吸引投资、收集反馈或明确诉求。如现阶段很多关于 APP 的创新,则就可以使用移动 Demo 来展示,清晰直观地展示各个界面间的逻辑层次关系及主要功能点。

移动 Demo 展示工具有很多,常见的较为专业级支持电脑端的有 Axture、OmniGraffle 等,支持用手机做 Demo、方便易上手的 APP 有:POP、app. eal、IdeaShow 等,可以根据实际

需要选择合适的工具进行展示。下面就以 POP 工具为例进行介绍：

<u>POP(Prototyping on Paper)</u>是一个常用的移动 Demo 模型制作工具，是由 Woomoo 团队开发的，它让纸质的流程"动起来"，只要用手机拍下手绘草稿，在 POP 里设计好链接区域，马上就能变成可互动的原型，让创新创意的想法展示起来更方便。这款软件具有如下特点：

√ 适用于呈现移动应用的创新设计；

√ 可快速地将任何原型或图像转化为可交互原型；

√ 可在任何设备上随时查看原型；

√ 可以快速记录反馈、测试想法；

√ 所需的工具包括：POP、智能手机、纸、笔和橡皮擦。

应用步骤

1. 思路整理。围绕着展示目标和展示形式规划 APP 的展示思路，也即 Demo 的"剧本"，包括概念的表达、路线图等。有许多思维管理工具，如思维导图工具 X-mind、MindManager、Mindjet 等都是不错的选择，可以帮助快速整理展示思路，理清要展示的逻辑层次关系。

2. 设计应用场景。在纸上画出完整的架构图，包括场景界面样式、功能实现、视觉风格、互动反馈等，也可以运用画草图、故事画板等方式实现。

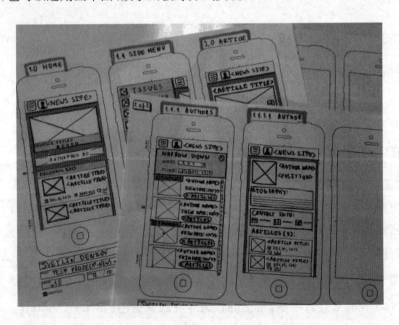

3. 修正草图。草图设计者、小组成员、Demo 原型实现者、教师在一起就设计的草图进行讨论、修正，直到相互认可。

4. Demo 设计。根据最终产出物的目标和对象选择合适的软件来制作和展示 Demo。例如使用 POP 软件，创建一个项目，拍下这些草图，应用会自动调整亮度和对比度使其清晰可见。

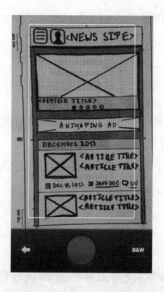

将拍下的照片在手机 POP 中顺序放置，利用链接点描摹出各个板块之间的逻辑关系，点击 Play 就可以演示整个应用了。

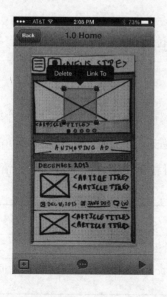

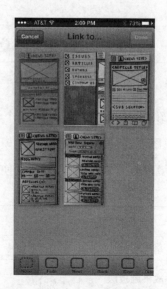

实战演练

在演练之前,先需要有一个基于移动应用的创意设计。

○● 任务

选择合适的工具,在手机上动态地演示创新想法的解决方案。

【人数】小组合作,4—6 人为宜。

【道具】手机。

【软件】自选 APP。

【要求】

(1) 创新解决方案至少包含用户分析、产品方案、原型设计、推广思路等几个方面;

(2) APP 至少包含 6 个页面;

(3) 运用设计好的 Demo 展示解决方案,并记录展示过程。

交流讨论

反思整个移动 Demo 设计过程:技术工具的选择是否恰当? 原型是否真实完整地反映了创新想法? 继续完善你的 Demo 设计。

本章小结

本章主要介绍了创新设计思维的第三个步骤:如何快速原型。主要介绍了五种常用的快速原型工具:草图绘制、故事画板法、物理模型法、角色扮演法、移动 Demo。下面对这几个小工具的使用情境进行简单的区分,以帮助使用者在使用过程中根据具体情境合理选用。

过程	工具	适用情境
快速原型	草图绘制法	想法比较模糊,希望通过简单的纸、笔来描述设计方案时
	故事画板法	当创新想法包含若干个场景或情节,希望通过时间序列的方式进行呈现时

续　表

过程	工具	适用情境
	物理原型法	有对应物料、套件的支持,希望通过三维立体的形式呈现设计方案时
	角色扮演法	有较高的人力物力预算,希望更加生动、有趣、动态地呈现设计方案时
	移动 Demo	希望展示移动 APP 的设计方案时

自查问题

(1) 草图绘制时应从哪些视角进行描绘?

(2) 运用"故事画板法"来呈现设计方案时需要注意些什么?

(3) 怎样的物理模型才算是一个比较好的原型,制作过程中应遵循哪些原则?

(4) 你还有其他原型方法吗? 请举例说明。

本章练习

在上一章中,你已经形成了很多个创意想法。在此基础上,运用本章学到的原型工具,视觉化呈现出你的想法:

主题一:食堂用餐记

■ 用哪种原型方法来展现你们在"食堂用餐记"中的创新想法会比较合适? 为什么?

■ "智慧食堂"长什么样子? 分别包含哪些功能?

■ 在"智慧食堂"中,动态模拟学生用餐的一天。

■ ……

主题二:遗失的彩虹

■ 用哪种原型方法来展现你们在"遗失的彩虹"中的创新想法会比较合适? 为什么?

■ 重建后的彩虹村是什么样子的?

■ 对于村民和游客而言,可以做哪些事情?

■ ……

主题三：梦想改造家

■ 用哪种原型方法来展现你们在"梦想改造家"中的创新想法会比较合适？为什么？

■ 改造后的物品是什么样子的？

■ ……

第五章　如何设计方案

小的时候,你一定玩过电话游戏或者传话游戏,把一件事耳语给另一个小伙伴,然后通过耳语的方式在小伙伴间逐个传,直到转一圈,最后一个小伙伴说出他得到的被歪曲的信息,然后大家哄然大笑。

在成年人的世界里,我们也在继续玩这个游戏,只是不再通过耳语的方式。我们写长篇文档,看起来很正式的讲解,但把文档传给其他人,他们可能会做出完全不符合预期的事情。它和小时候玩的传话游戏多么相像,只是结束的时候,没有人能够笑得出来。

这个信息传递的过程,就像无线电传播会受到干扰一样,结果都会产生某种程度的失真。

在发现问题、集思广益、快速原型之后,我们到底应当如何解决问题,才能使最终的呈现尽可能地满足最初的需求呢?本章我们将重点介绍一些支持方案设计的工具,以帮助创新者在设计方案阶段更为全面、更加直观地获取用户需求。

工具一　用户画像,将你的对象刻画出来

应用情境

- 需要聚焦创新设计的目标用户时
- 需要对设计产品的功能进行定位时
- 验证或反驳设计决策时
- 优先处理功能需求时

用户画像是对产品的目标使用人群进行一个细致的描述,是真实用户的虚拟代表或替身,是勾画目标用户、联系用户诉求与设计方向、建立目标用户模型的有效工具,通常是建立

在市场数据和可用性数据之上。交互设计之父阿兰·库珀将用户画像分为市场用户画像、原型用户画像和设计用户画像三种类型。制作或产生用户画像的具体过程是通过对用户进行调研(访谈等)去了解用户之间对使用创新设计的目标、使用产品的具体行为和对待产品观点等差异,并基于这些差异将用户划分为不同类型,然后从每种类型中抽取出"典型特征":名字、照片、性别、年龄等人口统计学指标,场景等特征描述,就形成了一个用户画像。对目标用户群主要特征的提炼,可以使产品的服务对象更为聚焦。

在总结和传播研究结果、引领产品设计方向上,用户画像这种形式和方法发挥了重要的功效。使用用户画像,可以指导设计方案的方向。

案例分析

在建立用户画像之前,你可以试着回答以下问题:

√ 给谁画像?(谁将使用这个产品?)

√ 画像内容包括什么?(性别、年龄、性格特征、生活习惯)

√ 为什么要画像?(使用该产品的经验,产品需求)

√ 他们在什么地方使用该产品?(使用情境,画像分类)

√ 预测后果是怎么样的?(他们使用该产品来做什么? 有什么影响?)

一般情况下,用户画像包含的要素有很多,如姓名、性别、年龄、兴趣爱好、生活习惯、喜欢什么、讨厌什么、最重要的需求、使用产品的场景等。用户画像可以利用类似下面的图示表示:

姓名:Ana
性别:女
年龄:25岁

兴趣爱好:唱歌、弹吉他
特征描述:活泼开朗
生活习惯:规律、早睡早起
主要需求:方便易用
使用场景:家中、学校
……

案例一：某音乐爱好者的用户画像[18]

故事简介：

陈艾是个很感性的姑娘，特别喜欢几个歌手，当年追星的时候，买过好多他们的卡带。她心中有个自己偶像唱的经典歌单。特别悲伤的时候，会去搜索这些自己熟悉的经典歌曲听；高兴的时候，听什么都很好，有几个固定风格的音乐是自己一直以来喜欢的。特别喜欢使用豆瓣fm，不知道想听什么，就打开私人频道。

她基本上只有一款相同功能的音乐产品，不太愿意经常更换使用的东西。

她平时喜欢泡在网上社区里，在豆瓣和微博关注了很多朋友和感兴趣的用户，都是和自己喜好相似的人，通过他们发现了好多有意思的东西和好听的音乐。

喜欢的歌会下载或缓存下来，希望再分类，听音乐时关注歌曲的歌词、背景故事和相关信息，偶尔分享音乐，但不期待反馈，只是记录自己的感悟。

音乐是什么：

音乐对于她来说是一种沉浸，营造自己情绪的小世界；
FM对于她是一个见多识广，可以安慰她，带来正能量的DJ。

使用场景：

1. 早上、睡觉前、工作时间
2. 感觉有些忧伤，不想费心找歌，会听私人兆赫。
3. 特别伤心，搜索自己最喜欢的歌手等自己一定会喜欢的歌。
4. 周末逛公园，在长椅上休息，一个人什么都不做，听着音乐，听着听着回想起以前的一段时光，有时会哭出来。

用户核心需求：

1. 离线的歌曲管理。
2. 能听到与自己喜好相近或者符合当时情绪的新歌。

应用步骤

（1）第一印象。根据具体的研究问题选择合适的用户群体进行观察，并根据下图"第一印象"的提示来获取信息，包括用户照片、姓名、角色、备注和人口统计资料。注意用户照片要体现该类群体代表性的特征，方便识别。不建议放非常抽象的照片或老照片，因为不容易第一眼识别出来。

☆★ 提示

假设某公司要设计一款海淘 APP，定位的目标主力人群是年轻的 80 后妈妈。我们需要对这个人群进行一个用户画像。第一印象如下：

用户画像

· 第一印象

照片	姓名	角色
	备注	人口统计资料

用户画像

· 第一印象

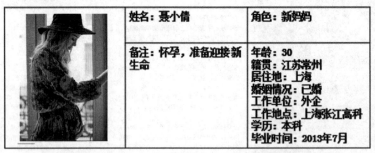

姓名：聂小倩		角色：新妈妈
备注：怀孕，准备迎接新生命		年龄：30 籍贯：江苏常州 居住地：上海 婚姻情况：已婚 工作单位：外企 工作地点：上海张江高科 学历：本科 毕业时间：2013年7月

（2）动机和行为，包括用户目标、用户行为、观察、动机与能力。询问并填充该表格的各个模块。

用户画像

· 行为和动机

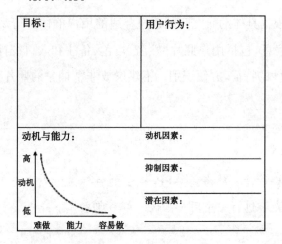

☆★ 提示

对年轻的海淘妈妈的目标和用户行为分析如下：

用户画像

- 行为和动机

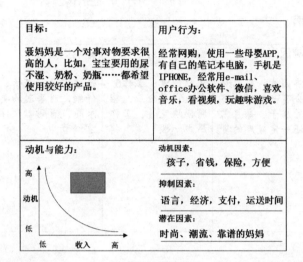

目标： 聂妈妈是一个对事对物要求很高的人，比如，宝宝要用的尿不湿、奶粉、奶瓶……都希望使用较好的产品。	用户行为： 经常网购，使用一些母婴APP，有自己的笔记本电脑，手机是IPHONE，经常用e-mail、office办公软件、微信，喜欢音乐，看视频，玩趣味游戏。
动机与能力： 高 动机 低 低　收入　高	动机因素： 孩子，省钱，保险，方便 抑制因素： 语言，经济，支付，运送时间 潜在因素： 时尚、潮流、靠谱的妈妈

（3）影响，是指谁能影响用户做出选择。深度思考影响用户的全部因素，包括内部因素、外部因素等。将写上了各个因素的便利贴全部打散，整理分析被调查者的影响因素，将意思相同的便利贴归为一类。

用户画像

影响

影响因素1：	影响因素2：	影响因素3：

☆★ 提示

对这些妈妈的购物行为可能产生影响的因素包含：

用户画像

影响

影响因素1：	影响因素2：	影响因素3：	影响因素4：
经济因素：自己和老公有一套60平方米的房子，每月需要还一定额度的贷款	工作因素：工作5年，成熟企业，招聘模块完善，工作压力一般	性格因素：谨慎、仔细，对事对物要求高，有耐心，注意细节	人员因素：老公和家人都支持聂妈妈的购物方式；周围朋友有公共的需求，可以商量如何操作

（4）环境。分析不同环境和情境的内容，至少草拟出（3）中用户使用产品的情境，重点关注用户在各个环境使用产品的地点和方式。比如，幼儿园小朋友会在幼儿园的哪些情境或环境下学习。

用户画像

环境

情境1：所见、所听、所感、所思	情境2：	情境3：

☆★ 提示

这些妈妈购物的环境可能包含：

用户画像

环境

情境1:	情境2:	情境3:
在上班路上、地铁或公交上，从手机上自己进行采购	在办公室，很多妈妈和年轻员工热烈讨论海淘事宜，发现最近有促销打折的好产品，讨论怎么集体海淘，均摊运费	在家里用手机淘，用"什么值得买"和"亚马逊"查看是否有性价比高的商品，亚马逊在购物的质量和物流上均有保障

由此对单一用户的画像可以描述为：

年轻的80后妈妈

"上班的时候没啥事就逛逛，晚上回家早也逛逛。省得跑到国外去，省心省力还省钱。这次给宝宝买的奶粉够他喝好一阵子了。"

简介

是一个苏州姑娘，大学毕业后进入位于北京朝阳区的一家外企工作，担任招聘模块的HR。前两年刚刚和老公在北京五环外买了60平方米的房子，每个月有一定的还贷压力。今年意外怀孕了，但还是准备好好迎接新生命。是一个对事对物都要求很高的人，比如，宝宝要用的尿不湿、奶粉、奶瓶……她都希望能够使用国外的产品。本来她对这些国外的品牌都不是很了解，并且在淘宝买也不放心。怀孕之后她就和身边有经验的同事取经，同事告诉她可以去一些海淘网站或APP上面购买，那里面还可以认识一些有共同需求的人，不仅能买到物美价廉的商品，还能和妈妈们一起交流育儿经。她使用过的海淘产品有：洋码头、蜜淘、亚马逊等。但是这些还是存在一定问题，比如语言、支付、运送时间等。***希望能够使用到简单方便的海淘产品。

个人信息

姓名：*妈妈
年龄：30
籍贯：江苏常州
家庭情况：已婚，和老公有一套60平方米的房子，有一定月供压力
爱好：唱歌、看书
性格：谨慎、仔细，对事对物要求高，有耐心，注重细节

工作信息

职业：外企HR，负责招聘模块
地点：北京朝阳
工作年限：5年
工作压力：成熟企业、招聘模块完善、压力一般

计算机网络使用

设备：工作电脑、个人笔记本、iPhone
使用方式：e-mail、Office办公软件、QQ、微信、各种购物、音乐、视频、趣味小游戏、母婴app等

（5）用户联系。不同的用户画像之间有重叠部分，所以理解不同用户画像之间的联系很重要（除非你只做一个用户画像）。首先，你可以通过关联用户画像，简单记下有关联的用户画像及原因；其次，将所有的用户画像用图表示出来（需要不断修改和更正），制作用户画像矩阵。根据以上工作，最终创造一张用户画像的海报，这是作为指南而非模板存在的。同时，邀请其他人检查小组的用户画像海报并提出改进建议，归纳描述其中存在的问题。

用户画像

用户联系

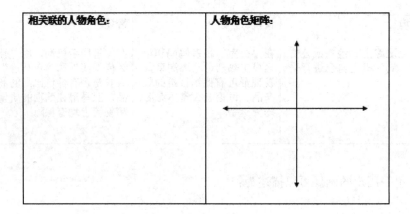

☆★ 提示

　　通过对不同用户之间进行关联，可以分析出有丰富的网络购物经验、动机又强的人群将是新设计的海淘 APP 所要推广的主要对象。

用户画像

用户联系

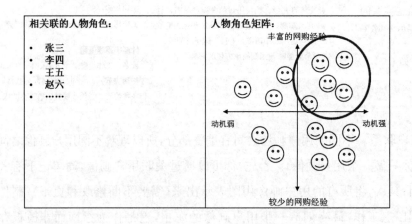

实战练习

○● 任务

现在社会上开始有一些盈利性的自习室,为那些有自习需求的人提供服务。为了给自己本校的学生提供公益性的自习场所,你所在的学校(中学或小学)准备将图书馆进行改造,使其不但能够满足同学们借阅图书的功能,还能在每日放学后、周末满足学生自习的需求。但很多同学周末可能有补习班、特长班的安排,还有一些同学可能更喜欢在家里学习。那么,什么样的同学喜欢在学校自习呢? 他们的需求又是什么样的呢? 请大家对自习室的潜在使用者进行用户画像,设计用户画像海报,然后提出图书馆的改进方案。

【人数】小组合作,每组 4—8 人为宜。

【物料】大白纸,黑色记号笔若干支,彩色便利贴,透明胶带。

【时长】建议每轮 20—30 分钟为宜。

【建议】就以本校的学生为样本即可。

【注意】用户画像的颗粒度,既不能过于粗糙也不能过于精细。

交流讨论

(1) 小组之间展示分享目标用户画像海报,并根据画像解释潜在用户的特征;

(2) 继续完善用户画像设计。

关键提醒

用户画像的创建,是为了让团队成员在产品方案设计过程中能够抛开个人喜好,将焦点关注在目标用户的动机和行为上进行产品方案设计。特别需要注意的是:

1. 用户画像要建立在真实的数据之上;

2. 当有多个用户画像的时候,需要考虑用户画像的优先级,避免不同画像分析结果之间产生需求的冲突;

3. 用户画像是处在不断修正中的。

工具二 设计简介，使你的陈述简明扼要

应用情境

- 需要向他人阐明设计思路时
- 需要向他人进一步明确问题解决方案时

在设计产品或服务的过程中，需要阶段性地向用户或管理者等介绍设计思路，以便接受反馈，明确用户和管理者对现行思路的接受程度，确定可行的改进方案。传统的"设计说明书"写起来冗长、复杂，表现力和解释力不佳，不仅需要投入大量的时间和精力，还往往达不到应有的效果。"设计简介"就是为了解决上述问题产生的创新工具，应用既定的框架（包括问题描述、现状分析、典型用户描述、产品定位、解决方案、设计草图等部分）简洁明了地阐述设计思路，有助于人们更好地明晰问题与需求，理解解决方案，也有助于在后续步骤中不断修订和完善。通过"设计简介"来表述设计主张和创新想法，会让整个设计过程变得非常敏捷，适应快速修订与提升节奏。

案例分析

"摩拜单车"设计简介[19]

（1）问题描述：城市短途出行。

摩拜所要解决的问题显而易见：用户出行最后一公里的问题。那么用户出行的最后一公里会遇到哪些问题呢？

- 场景一：白领 A 的公司离家不远，5 公里左右。上下班期间地铁拥挤，公交路线比较拥堵，那么单车出行对于 A 而言是一个轻松便捷的最佳选择。
- 场景二：学生 B 每天需乘坐地铁前往学校，但 B 的家距离地铁站有 2 公里距离。步行过去太耗时，打车过去太费钱，那么单车出行既省时又省钱。
- 场景三：家庭主妇 C 周末要去逛商场，平时工作一直坐着，刚好周末选择单车出行，可

以放松下筋骨。

• 场景四：小伙伴 D 和 E 有骑行习惯，每天下班后结伴骑行。质量好的单车价格略贵，搬家时又不愿意带着，租用单车来骑行也是不错的方案。

以上场景在生活中是频繁发生的，用户的需求真实存在，需要一款产品来满足。

（2）现状分析。

目前市场上有政府部门设置的公共自行车，但是这些公共自行车必须要还在规定的车桩上，而且并不是每个地方都有足够的车桩，有些时候会出现因为没有空余车桩而无法还车的现象。

（3）典型用户描述。

摩拜单车产品定位人群：全民核心用户是移动互联网中度及重度使用者。一般是：

• 年龄：18—30 岁的青年为主；

• 性别：男性为主；

• 空间位置：一线城市或者类似一线的大城市；

• 职业：往往白领为主；

• 互联网使用情况：每天中使用互联网的总时段比较高；

• 上下班使用的交通工具：公交车或者地铁或者走路，或者以上三者任意组合，其中走路步程大于一定距离；

• 共享单车需求程度：高（将节省时间大于 10 分钟以上的用户，暂时定义为他们极度依赖共享单车的存在）；

• 对时间重视程度：高。

（4）产品定位：产品方案在很大程度上取决于市场定位。

摩拜单车的产品定位——在开放市场的条件下，帮助每一个人便捷地完成城市短途出行，解决城市最后一公里问题。在产品研发过程中，摩拜单车真正挖掘了用户的核心痛点以及环境和人性的复杂度,因此产品方案也主要是围绕开放市场的定位展开。

开放市场的特征:

- 地域范围广:若一开始投放的单车数量过少,则难以保证用户在短时间内找到单车;

- 用户群体广:用户素质参差不齐造成的乱停乱放和非正常损耗问题;

- 环境路况过于复杂:用户可能会在多种环境和路况下骑行单车,容易造成单车故障损毁;

- 单车停放区域的监控和管理:政府通过设立城市单车停车桩有效规范了单车的停放,却限制了用户的使用自由,如果允许用户随意停放,则会带来监管单车方面的难题。

人性的问题(人性的弱点):

- 用户随意停放,放任单车"流浪";

- 用户贪图一己之便,给单车上私锁;

- 偷盗单车;

- 蓄意破坏单车。

单车本身的质量问题:

- 单车的正常损耗会产生一定的维护费用;

- 单车的人性化设计,例如美观及舒适度;

- 单车的辨识度;

- 高效率的骑行服务体系。

用户的需求点和痛点:

- 容易寻找,停放方便;

- 质量上乘,轻便舒适;

- 价格合理。

(5)解决方案:基于以上问题点,摩拜一代提供的解决方案。

- 单车本身的质量问题。产品设计过程中采用防爆轮胎、轴传动等手段,增加单车的安全性和耐用性,从而降低维护成本;注重人性化设计,单车颜色靓丽、车型流畅,最大程度改善用户体验。

- 车辆投放点问题。初期投放地点主要选择写字楼和地铁沿线。白领群体易于接受新鲜事物,选择他们集中的地点进行投放有利于共享单车的传播。

- 无桩共享,随停随取。提供推荐停车点,在一定程度上减少乱停乱放现象,同时方便单车的回收维修。

• 方便用户快速找到单车的问题。车身锁内集成了嵌入式芯片、GPS 模块和 SIM 卡,可以随时监控单车在路上的具体位置。车辆投放到市场,不仅要考虑用户如何找到单车的问题,还要考虑如何进行运营和维护的问题,有了 GPS 定位,就可以同时解决这两个问题。如果无法被定位且又无固定停放点,那单车很可能就是石沉大海、无处寻觅了。

• 价格问题。根据当前的大众消费水平,将价格定在用户能够普遍接受的范围内。

(6) 设计草图

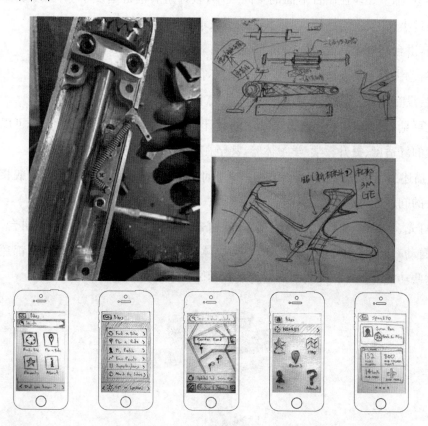

让我们看看如上设计方案,如果你是一个投资人,是否会被这个项目打动?如果你是一个不了解情况的用户,是否会感受到用户需求与解决方案之间的关联与呼应?之所以有清晰、明了的介绍效果,部分功劳在于"设计简介"这一框架,它帮助创意设计者以条理清晰的方式完成了对产品的介绍。

应用步骤

(1) 描述问题:着重说明当前情境中存在的不方便、不合理的地方。

- 清晰准确、有理有据地陈述要解决的问题;

- 列出在调查/观察过程中收集的数据,更形象地描述问题;

- 描述问题的重要性和解决问题的重大意义。

以"讲台设计"为例,在前面的章节中,我们已经清楚地定义了要解决的问题:

灯光:①灯光开关位置距离讲台较远;②前排灯光亮度过高导致屏幕看不清楚。

多媒体:①多媒体控制台下面的空间太小,教师坐着的舒适度不够;②多媒体一体机上电脑屏幕过小;③投屏切换较为麻烦、存在不灵敏的情况。

桌椅:讲台高度过高或过低,不能适合所有教师。

水杯:①讲台上没有放水杯的位置;②水杯容易倒。

衣架:没有放衣服的位置,教师时常随便找个地方放。

由此可见,对教室讲台进行改造和重新设计具有非常重要的意义和价值,可以提升教师授课过程的舒适度、提升教学/学习体验,甚至在一定程度上提升教学质量。

(2)描述当前产品的使用情况:提供一个问题情景,描述任何与问题类似或相关但最终未能解决的问题的解决方案。

就"灯光、多媒体、桌椅、水杯、衣架"等问题来看,目前市场上已存在类似讲台,其具备体积小、可自动升降、移动位置等功能,但在多媒体、水杯、灯光控制、储物等方面都还没有考虑到。而这些功能对提升教师教学舒适度及教学体验来说至关重要。

(3)描述一个典型用户:指明使用产品的用户,以及他们需求的满足情况。他们将如何从不同的产品中获益。

对"智能讲台"而言,核心用户是大学教师,具有如下特征:

- 年龄:25—60岁;

- 性别:不限;

- 计算机使用情况：基本具备计算机使用能力；
- 使用情境：需要投屏、PPT 讲课、展示作业等的时候；
- 使用频率：高；
- 需求程度：高（灵活控制灯光、屏幕更清晰、教师使用更方便/舒适、设计更人性化）。

（4）提出一个解决方案：解释产品的工作原理，以及它如何解决问题，描述产品的特性。

基于上述讲台存在的问题，提出如下解决方案：

1. 灯光：①多媒体控制台上增加一个可以控制前排灯光的按钮；②设计智能调光灯，自动调节适合人眼观看的亮度；③把灯光的投射范围变小。

2. 多媒体：①多媒体的桌面用鼠标垫材质替代；②多媒体讲台前面的挡板去除；③无线投屏，不需要多媒体讲台，教师可在任何位置讲课（不用插 U 盘）；④放大多媒体讲台的屏幕。

3. 桌椅：座椅可调节高度。

4. 水杯：在讲台边上增加一个放水杯的凹槽，类似于电影院的椅子把手。

5. 衣架：椅子上增加挂衣服的结构。

（5）绘制一幅解决方案草图：这是一个粗略草图，可包括多个图集，注意表现解决方案的不同角度。

（6）描述提出的产品所必须符合的基本要求：介绍产品的质量（如所用材质的韧性和刚性），以及材料类型（如金属、塑料等）。

- 讲台整体质量：结实、轻便、方便移动；
- 多媒体：桌面用鼠标垫材质，方便鼠标直接在上面随意滑动；
- ……

实践练习

注：本实践练习前，应已完成对某项产品或服务的初步设计。

○● 任务

每小组 6—8 人，根据你们设计的产品或服务撰写一份"设计简介"。

【人数】小组合作，每组 6—8 人为宜。

【物料】大白纸，黑色记号笔和铅笔若干支，5 种颜色的便利贴，透明胶带 1 卷。

【工具】呈现形式不限。

交流讨论

（1）如何使用用户画像工具定位自己的目标用户，获取需求？

（2）如何撰写一份设计简介？

本章小结

　　本章主要介绍了创新设计思维的第四个步骤：如何设计方案。在生成了大量的创新想法并做出决策之后，则需要开发具体的解决方案了。即需要回答下述问题：你要解决的问题是什么？你的设计方案面向的典型用户是谁？该方案设计是如何解决潜在问题的？你的产品定位是什么？等等。通过建立用户画像，可以帮助产品开发者将方案设计聚焦在目标用户上，而设计简介的应用，有利于快速理清设计思路，及时向其他人介绍并获取反馈信息，明确要解决的问题，并有表现力地呈现具体的解决方案。

自查问题

（1）通常情况下，一个完整的用户画像包含哪些元素？

（2）设计简介的撰写通常包含哪几个部分？

本章练习

　　延续上一章中选择的主题、发现的问题以及创新的想法，运用本章学到的工具形成完整的设计思路。思考以下问题：

■　你要解决的问题是什么？

■　你的方案面向的典型用户是谁？

■　该方案是如何帮助解决潜在问题的？

■　……

第六章 如何评估修订

在上一章中,我们已经实现了面向创新创意的基本原型,这个原型设计是否真正体现了创意想法? 是否真正地解决了问题? 这个解决方案是否受到使用者的喜爱呢? 这就是本章要做的事情——对原型设计进行评估修订。

工具一　可用性测试,发现使用中的问题

应用情境

• 对想法、原型设计的可行性、功能等进行测试评估,以获取反馈信息时

• 需要对比多个设计方案,以判断哪个更加可行时

• 需要获取不同用户对原型设计的不同感受时

所谓可用性,指的是当用户在特定场景下使用产品时,产品所具有的有效性、效率和用户主观满意程度。当我们提到产品可用性的时候,往往是在思考以下问题:用户能用该产品完成他们的任务吗? 任务完成的效果如何? 用户有着怎样的感受和体验? 实际上,可用性是产品的重要质量指标,它与用户体验高度相关。可用性测试是对产品可用性水平的评估,也就是在特定场景下,让一些具有代表性的用户使用产品执行预定的任务,观察和记录他们遇到的问题,依据用户体验质量界定出产品的可用性水平。可用性测试主要用于判断产品方案的优劣,改进产品的可用性水平。在产品开发过程中,可用性测试应该及早使用,且参与测试过程的用户必须是能代表产品的目标受众群体的。

常用的可用性测试方法包括认知预演法、视线追踪法、启发式评估法、出声思维法、任务分析法和问卷调查法。

• 认知预演法要求评估者首先确定目标用户、测试任务及步骤等,然后模拟目标用户的操作过程,通过回答一系列问题对产品的可用性水平进行评价。

• 视线追踪法通过测量用户的视线运动揭示产品的可用性水平。

• 启发式评估法通常由多位专家根据可用性原则独立评估产品,之后共同讨论,找出产品的可用性问题。

• 出声思维法要求被试者边执行任务边报告个人操作感受,专家对报告内容进行分析,从而获知可用性问题。

• 任务分析法是让用户真正地使用产品,测试人员在一旁进行观察、记录和测量。

• 问卷调查法则是指在用户执行任务前后,分别记录一次他们的感受和体验。

需要强调的是,上面提到的方法相互兼容,科学评测可用性水平离不开多种测试方法的综合运用。

本章主要就任务分析法展开介绍,它通常和访谈、出声思维和问卷调查等方法结合使用。

案例分析

为扩大教学规模,光明学校建立了一个新校区。校园建成后,需要对校园内张贴的标识牌和指路导引进行一个布置,最初的设计只是设计人员根据已有的经验和设计常识来完成的,但设计出来的标识系统是否能产生良好的指导效果呢? 于是,光明学校决定在启用新校园之前,采用可用性测试来不断地修订和优化设计方案,以期将整个标识系统做到贴心而有效,让师生在需要的时候可以找到最恰当的提示。

于是,学校采用了"任务分析"和"出声思维"相结合的方式来开展可用性测试。先是将已有的标识设计布置在学校之中,然后寻找不同年龄、不同职业的被试者(模拟师生和访客),分别进行测试,先是为他们出示任务(比如说先到学术报告厅,然后到某个班级,再到图书馆……),然后请他们在完成任务的过程中,将自己的想法说出来(即出声思维)。被试者在寻找目的地的时候,测试人员在近旁跟随,记录他们的困惑、寻找标识的时机、对现有标识的接受情况等。通过面对 N 个师生的跟踪,收集到了大量对校园现有标识设计非常有针对性的反馈意见,从而帮助校方有效地改进了校园的整体标识设计,使新的校园标识设计在启用之初就得到师生们的一致好评。

"校园标识"改进的案例给了你哪些启发呢? 请思考生活中还有哪些类似的事件可以用可用性测试来优化?

_____

_____

应用步骤

(1) 确定测试对象、测试目的与关键功能点

首先要明确本次的测试对象与测试目的,并进一步明确测试的背景与关键功能点。

比如,要对某中学更新后的学习管理平台进行可用性测试。其测试对象即为更新后的学习管理平台;其目的在于,诊断出新平台的不足和问题所在,以使其更加符合师生的需要,为师生提供便利;而关键的功能点确定为:学生端的操作流程、页面设计与跳转逻辑。

(2) 选择测试方法及工具,设计测试流程

在明确测试对象、测试目的与关键功能点的基础上,选择合适的测试方法相组合,为这些方法准备相应的工具,设计测试流程。比如,对学习管理平台的测试,选择出声思维法、任务分析法、视线追踪法及访谈法相结合,相应的工具有屏幕检测软件(具有录音功能)、眼动仪等等。

(3) 选择被试者

根据被测试对象的使用范围,选择合适的被试者。被试者的选择应该尽可能多地涵盖测试对象的潜在用户,如涵盖不同的使用角色,不同的年级或年龄段,不同的性别等。

需要注意的是,在测试之前,要确保被试没有使用过该测试对象或者参与过该测试对象的开发,以获得更真实的反馈。

(4) 测前说明及访谈

正式测试之前,首先对被试者进行测前说明,主要对测试对象的功能及背景给予简要说明,包括测试目的、软件设备操作及相关注意事项等。同时,对被试者进行访谈,主要访谈他们对被测试物体的认识及相关使用经验等。

(5) 任务测试

为被试者提供一份任务表,要求被试者按照要求完成这些任务,并回答相关的问题,观察者收集过程中的数据,了解被试者完成任务时的心理感受和体验。

比如,可以为学习管理平台设计如下的测试任务表(部分)。

标号	操作任务	问　　题
1	打开课程网站，登录	• 您对整体界面的印象，您觉得设计如何？ • 说出水平方向上导航栏目各标题的意思和作用？ • 您如何理解导航栏下面的图片？它对您有什么帮助？
2	点击进入第二章的学习	• 进入界面后，您看到了哪些板块的内容？ • 您觉得界面设计及色彩搭配如何？ • 您能说出导航栏中各个部分的具体含义及设计的合理性吗？
……	……	……

（6）测后访谈

测试结束后，对被试者进行简单的访谈，主要对过程中采集的信息及任务完成情况进行更详细的了解，在访谈的过程中，鼓励被试者说出自己执行每个任务时的实际感受，并提出自己的想法和建议。

也可以设计如下的满意度调查表（部分）。

题目	完全不赞同————完全赞同
1.课程的整体设计风格我能够接受	1　2　3　4　5
2.整个课程很复杂，我需要专人指导我怎么使用这门课程	1　2　3　4　5
……	……

（7）测试结果分析

经过对收集到的结果和问卷以及施测人员的观察记录进行分析后，可以对该测试对象的满意度、易用性、效率等各种可用性问题进行大体的总结，形成完整的可用性测试报告。

比如，可以形成类似下图的测试报告。

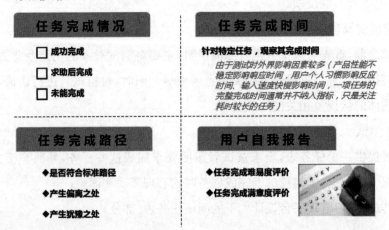

☆★　提示

在进行任务设计时要注意以下几个核心要点：

1. 围绕用户使用目标。

√　什么样的人可能使用它？

√　哪些功能最可能是他们的常用功能？

√　他们会如何使用这些功能？

2. 顺序设置要让用户操作起来舒适自然。

3. 描述方式要注意精细与宽泛的平衡。

√　一般来说，任务设计不用太过精细；

√　但在需要考察细节时，任务设计就需要较为具体；

√　尽量避免"直接指导操作"式的语言描述方式。

4. 控制任务的数量。

√　根据测试目标与任务的精细程度来确定任务数量；

√　切记任务数量不可过多；

√　确保正式测试环节最多不超过 1 个小时。

【非常重要】在任务设计时最好预先设定好任务执行的停止条件：被试者到达即代表完成任务的程度，这能够帮助施测人员客观地确定一个任务是否已经被完成。

☆★　提示

记录员要做到以下几点：

1. 注意观察被试者的表情及肢体动作，如思考、皱眉、犹豫、惊讶等表情。

2. 注意记录被试者的行为、想法和问题。

行为：被试者的动作步骤，如任务是否完成、完成时间、完成路径。

【结果】

通过目标用户的真实体验和信息反馈，对测试结果进行分析，从而更加全面深入地理解创新想法及原型设计，发现其中存在的问题，以便在后续阶段对其进行修正和完善。

实践练习

○● 任务

小伙伴们一起运用可用性测试的方法对学校的标识设计进行测试,并生成测试报告作为校方改造时的参考。

【人数】小组合作,每组 5—6 人为宜,需主持人 1 位,记录员 2—3 位。

【物料】根据不同的测试对象进行准备。

【时长】建议 1.5—2 小时。

交流讨论

(1) 小组之间展示分享可用性测试报告,并给予点评;

(2) 收集整理反馈信息,根据可用性测试报告结果对想法或原型进行修正。

关键提醒

可用性测试并不是原型设计的"专属",而是广泛应用在各个阶段,越早开始越好!

通常情况下,可用性测试不会单独使用,一般会结合问卷调查及访谈法共同使用,以达到不同的测试目的。

工具二　用户访谈,通过交流获取反馈

应用情境

• 希望了解用户对于原型设计的观点或感受时

- 需要了解不同角色用户在使用原型(产品)产生差异情况时
- 当定量研究的结果不明确或者无法解释时,特别在出现预想不到的结论时

访谈法,简单来说,就是通过与受访者进行交流来获取反馈信息。访谈法的具体过程可以理解为:在经过训练的主持人的组织下,受访者聚集在一起,针对测试对象的某个主题展开具有深度的讨论,从而获得与规定主题相关的反馈信息的研究方法。常用的访谈方式有集体面谈(对多人同时进行访谈)和个别面谈两种,可根据访谈的用户特点和访谈的需要选择不同的访谈方式。访谈法因具有低经济高效用、操作简单、探究有深度等优势,被广泛地应用在需求调研及产品测试等方方面面。

开展访谈的指导原则如下:

- 访谈前应设置访谈提纲,但要根据访谈进程进行合理调整,不能强行推进提纲安排。
- 访谈中,一次提问只包含一个问题,同时要求在问题的设置上明确清晰,确保问题本身不会给访谈者带来困扰。如遇访谈者不理解问题时,在用户已经阐述了想法之后,采用举例子等方式帮助理解,避免因例子具有偏向性而带来的引导性或暗示性。
- 用户应该有充足的思考时间,保证其对问题的理解和思考问题的深度,提问后有 10 秒左右的思考环节。
- 当用户持无观点或持中立观点、错误观点时,其观点与产品设计的意图相背离时,有问题或有建议时,访谈者都不应打断、纠正、表现消极或有暗示等行为,而应该进一步询问持此观点或行为的原因。
- 访谈时,应对访谈内容进行记录,便于后续的整理和研究。

案例分析

下面是根据访谈原则对访谈中的所提问题进行修改的案例解析[20]:

1. 问题保持客观中立,不能出现含有暗示和引导性的词汇或表达方式。

【反例】我们对你们觉得不好用的工具进行了优化/改进,您觉得怎么样?(改进/优化等用词有引导性)

【正解】对于××工具,您觉得怎么样?

2. 关于用户体验类的问题,聚焦于用户当前的直接体验,因为回忆、想象和具体使用细节的回答会增加用户的其他想法。

【反例】如果新增了一个××模块,你觉得会有什么影响,这个模块会受到欢迎吗?

【正解】您在当前所体验的功能中,最喜爱哪个功能?

3. 尽量使用开放性问题而非封闭二元问题。

【反例】您偏好 A 模块还是 B 模块? 您是否喜欢这个模块的设计?(封闭的二元问题,用户只能回答 A 或 B,喜欢或不喜欢)

【正解】这两个设计方案您觉得怎么样? 更喜欢哪一个? 原因是什么?

4. 避免问题内涵模糊,内涵太大。

【反例】您对我们的设计有什么看法?(问题的内涵过于模糊,不聚焦)

【正解】您使用过××产品吗? 在同类产品中选择××的主要因素是什么呢?

5. 避免直接问过于细节的问题。

【反例】通过在布局列表选择"上下移动"功能来进行排版时的体验感如何?(问题太过细节,用户无法解释)

【正解】提供产品/原型让用户完成这个操作,在操作过程中引导发问。

您从上面的案例中获得的启示是什么? 思考如何根据你们小组作品的创新点设置访谈的问题。

_____

_____

应用步骤

(1)确定访谈目标。

小组根据自己组的主题进行访谈的设计,确定访谈目的。

以"讲台设计"为例:

访谈目标:这个讲台原型设计真的能提高教师的使用体验吗?

(2)提纲设计。

根据访谈的目的拟定访谈提纲,大纲需要针对访谈的每一条需求。问题的设计要注意考虑参试者对题目的理解,由易到难,内容要精炼明了,控制问题数量。

"讲台设计"的提纲设计:

1. 整体感受

对于我们这个智能讲台原型设计,您觉得怎么样?

2. 功能体验

① 对于目前的灯光设置,您的感受如何?

② 对于多媒体的设计,您的感受如何?

③ 对于讲台的结构设计(提示:如储物、置物等方面),您的感受怎么样?

④ 您在现在的体验过程中,最喜爱哪个功能?

3. 改进建议

根据您目前对讲台设计的体验,您觉得哪些设计有待进一步改进?

---

(3) 受访者邀请。

好的受访者质量是访谈成功的保障,访谈人数 6—8 人即可,要注意受访者背景的多元化。

"讲台设计"受访者邀请情况:

• *邀请人数:6 位。*

• *性别:3 男 3 女。*

• *年龄段:30—40 岁,2 位;40—50 岁,3 位;50—60 岁,1 位。*

• *受访者背景:高校教师。*

---

(4) 现场访谈。

成功执行该环节的核心要点是恰当地与受访者互动,要注意以下几点:

• 与受访者像聊天一样交流。比如可以记住受访者的名字,偶尔直呼其名;注意采用平实的说话风格,切忌念访谈稿。

• 注意访谈过程中与受访者有眼神交流。

• 仔细观察,注意非语言信息的收集。观察受访者的肢体语言和表情,必要时可以给予受访者一些鼓励,鼓励其实话实说;进行适时的追问,发掘受访者的真实想法;识别异常,判断受访者回复是否可以信赖,并做好标记。

（5）明智的提问。

在提问的时候要注意让受访者说出问题所在，而不是提供解决方案；要避免过于开放/模糊的问题，避免固定句式的提问和过于复杂的问题，避免带有偏见性的问题。

（6）结果汇总和分析，提炼需求[21]。

可从以下几点进行分析：

受访者：个人信息和使用偏好。

行为：受访者是如何做的？

问题：受访者都遇到了哪些问题？

原因：受访者的问题和行为的原因是什么？

☆★ 提示

在整理分析信息时，要注意以下几点：

- 注意过滤无效信息（严重跑题的、不可信赖的、重复答复等）；

- 识别出受访者"说的"和"做的"不一致的信息；

- 注意切勿被受访者提出的"解决方案"误导。

"讲台设计"访谈结果汇总：

- *用户：教师随身携带水杯、电脑包、书本、U盘等。*

- *行为：模拟体验。*

- *问题：*

  √ 杯子太大，放不进去怎么办？

  √ 挂衣服，衣服如果很长，容易拖到地上。

  √ 感觉储物柜有点大，有点浪费空间，可以挪作他用。

- *原因：*

  √ 放杯子的凹槽已经固定，不能自动调节大小。

  √ 挂衣服的高度有点低，不能满足所有衣服长度。

实践练习

○● 任务

和你的小组成员一起,针对你们小组之前设计的原型,设计一份访谈提纲,并依据此内容,现场模拟一个针对目标对象的访谈过程。在访谈结束后,大家共同总结访谈的技巧。

【人数】可以一对一访谈,也可以一对多访谈。

【物料】纸笔、录音笔(录音即可)、录像(可选)。

【时长】建议 40 分钟内。

交流讨论

(1) 小组展示分享访谈结果及过程,总结探讨必要的访谈技巧和注意事项;

(2) 根据访谈结果(重点关注用户行为/问题出现的原因),继续优化原型设计。

关键提醒

访谈法属于对问题的定性分析研究,如果是要对事情进行定量分析,访谈法就显得不太合适了,因为通过访谈得到的数据往往是难以量化的,在取样数量及取样方式上也没有严格要求,强行进行定量分析可能在一定程度上造成结果偏差。

工具三 反馈图法,系统分析反馈信息

应用情境

• 需要框架性地收集用户反馈信息时

• 需要系统地整理、了解用户反馈信息时

获取用户反馈是评估修订过程的主要内容。反馈图法将反馈信息划分为起作用的部分、需要改进的部分、有疑问的地方以及想法与建议四个部分（如下图），可以帮助设计者系统地了解反馈信息，从而更有意识地、全面地捕获、整理反馈信息。

✚ What worked 测试中起作用的部分	▲ What could be improved 需要进一步改进的部分
⑦ Questions 存在的疑惑和不合理的地方	⚠ Ideas 获得的建议、生成的新想法等

案例分析

某手机公司设计出一款新的手机 A，将其投放给一定的用户后收集他们的反馈信息，并利用反馈图法对反馈信息进行了整理：

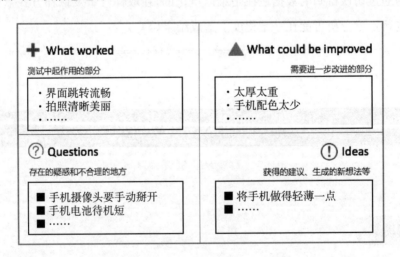

应用步骤

（1）确定反馈信息。

某公司的一款产品研发失败，经过对用户及公司员工的调研及分析，收集整理了许多有效的反馈信息：产品不符合用户的习惯、财经管理不善、人力资源匮乏、战略失误、研发流程不规范、研发项目管理不专业、应该增加支撑管理，等等。

（2）将大白纸分为四个象限。

分别在四个部分对应位置标上相应的符号：左上角为加号，表示真正起作用的反馈信息；右上角为三角符号，表示建设性批评意见、需要进一步改进的信息；左下角为问号，表示用户的疑问和存在的不合理的地方；右下角为小灯泡，代表获得的建议及生成的新想法等。

（3）将反馈信息按条分别写在便利贴上，依次填充在四个象限内。

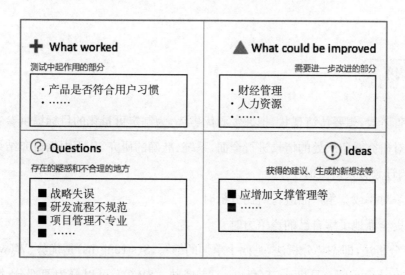

（4）根据上面的反馈图进一步修正原有构思/产品原型。

实践练习

○● 任务

小组成员利用之前收集到的访谈反馈信息，分工合作，利用反馈图法从四个方面对其进行整理，并在此基础上完成对原型的评估和修订。

【人数】小组合作,每组 6—8 人为宜。

【物料】大白纸,黑色记号/水彩笔若干支,不同颜色的便利贴。

【时长】建议 20—30 分钟。

交流讨论

(1) 小组分享运用网格图收集/整理的反馈信息;

(2) 根据反馈信息对原型或构思进行修正。

工具四　SWOT 分析,全面解析优势与挑战

应用情境

• 在准备阶段,想要认清现状,把握资源优劣势,为制定可量化的目标提供参考依据时

• 想要对研究对象所处的情景进行全面、系统、准确的研究,从而根据研究结果制定相应的发展战略、计划以及对策时

• 对竞争对手或竞争产品进行对比分析时

• 想要更全面地了解自己的竞争力时

SWOT 分析法,即态势分析法,是四个单词的缩写,S(strengths)是优势、W(weaknesses)是劣势,O(opportunities)是机会、T(threats)是威胁。SWOT 可以分为两部分:第一部分为 SW,主要用来分析内部条件;第二部分为 OT,主要用来分析外部条件。SWOT 分析就是将与研究对象密切相关的各种主要内部优势、劣势与外部的机会、威胁等,通过调查列举出来,并依照矩阵形式排列,然后用系统分析的思想,把各种因素相互匹配起来加以分析,从中得出一系列相应的结论,而结论通常带有一定的决策性。

应用 SWOT 分析法的原则:

• 进行 SWOT 分析的时候必须对主体的优势与劣势有客观的认识;

• 进行 SWOT 分析的时候必须区分现状与前景;

- 进行 SWOT 分析的时候必须考虑全面；
- 进行 SWOT 分析的时候必须与竞争对手进行比较；
- 保持 SWOT 分析法的简洁化,避免复杂化与过度分析。

案例分析

　　李华参加学校举办的"青少年科技创新大赛"社科项目的比赛。他经过自己的思考和收集资料,选定了"青少年对中国动漫和日本动漫的看法"这一主题作为自己的参赛课题。为了更好地对自己的参赛课题进行审视和修改,李华运用 SWOT 分析法对该项目进行了简短的分析：

S:优势	W:劣势
<ul><li>该课题与青少年的日常喜好相契合。</li><li>调查对象为青少年,样本对象和数据便于获取。</li><li>李华对国内和日本的动漫有非常多的了解,利于把控全局。</li><li>该课题具体而微,便于开展和入手。</li></ul>	<ul><li>相比其他课题,该课题的娱乐性偏强,教育意义需深化。</li><li>往年几乎没有可参考的关于动漫的相关课题。</li><li>访谈提纲或者调查问卷的设计要求非常高,自己之前对这方面的掌握和练习比较少。</li></ul>
O:机遇	T:威胁
<ul><li>两国动漫的特点鲜明,差异明显,便于形成对比研究。</li><li>对于研究结果,结合中国传统文化有可能提出非常有建设性的意见。</li><li>学校之前的参赛课题对于动漫主题的研究处于空白,有较大的发展空间。</li></ul>	<ul><li>学校对于娱乐性活动的管控非常严格,这要求该项目的立意必须不能出现偏斜。</li></ul>

　　在运用 SWOT 分析法对该课题进行了分析之后,李华对该项目的定位、目标、进一步发展发现以及最终研究结果的落脚点都有了非常清晰的认识：

　　该研究课题的报告立意必须明确是研究得出相关结论,从中挖掘利于学生学习、生活和教师教学指导的点；在前期的访谈和问卷设计时要自己多花时间,多查阅资料,多请教；课题的开展过程不能影响同学们的学习生活,不能产生娱乐性引导等。

　　李华对参加科创比赛项目进行分析的故事给了你哪些启发? 请思考生活中还有哪些类似的情况可以用 SWOT 分析法来解决。

应用步骤

下面我们简单对新华书店进行 SWOT 分析，来帮助大家更好地理解 SWOT 分析法的应用步骤：

（1）分析环境因素

运用各种调查研究方法，分析出公司所处的各种环境因素，即外部环境因素和内部能力因素。外部环境因素包括机会因素和威胁因素，它们是外部环境对公司的发展直接有影响的有利和不利因素，属于客观因素；内部环境因素包括优势因素和劣势因素，它们是公司在其发展中自身存在的积极和消极因素，属主观因素。在调查分析这些因素时，不仅要考虑到历史与现状，而且更要考虑未来发展问题。

据此得出了新华书店的 SWOT 分析[22]。

S 优势：新华书店是国家官方的书店，历史悠久，是一个老字号发行企业，具备较强的综合实力，强大的规模优势，和一定的知名度、美誉度与诚信度；分销渠道庞大健全，发行网点遍布城乡；有教材的发行权，在读者心中有很强的品牌影响力和认可度。

W 劣势：新华书店的经营体制主要是独立门店、分散经营，其体制僵化、激励机制不够灵活、竞争意识不强；每个新华书店业务自成体系，同质同构现象突出，资源的有效利用率低；出版物发行成本高、市场价格高；主营业务高度集中在教材教辅发行上，经营结构单一。

O 机会：对于上年纪的人来说，新华书店对他们有莫名的感情色彩；实体书店进一步融入文化旅游、创意设计等相关行业发展，将实体书店逐渐转型为集阅读学习、展示交流、聚会休闲、创意生活等功能于一体的复合式文化场所；随着高等院校扩招，将扩大教育图书市场；随着国家经济的高速发展，消费者图书购买能力增强，对文化生活的追求更高，人们购买正版图书的意识增强。

T 威胁：中小学教材免费对新华书店中小学教材的销售造成了巨大影响；新进入者的威胁，如网络书店、民营书店等在国内迅速发展；替代品的威胁，如电子书、二手书等，越来越受消费者的欢迎。

（2）构造 SWOT 矩阵

将调查得出的各种因素根据轻重缓急或影响程度等排序，构造 SWOT 矩阵，并按照重要程度的优先级进行排列和展示。

S:优势	W:劣势
• 有教材的发行权,在读者心中有很强的品牌影响力和认可度 • 分销渠道庞大健全,发行网点遍布城乡 • 具备一定的知名度、美誉度和诚信度	• 主营业务高度集中在教材教辅发行上,经营结构单一 • 出版物发行成本高、市场价格高 • 经营体制主要是独立门店、分散经营,其体制僵化、激励机制不够灵活、竞争意识不强;每个新华书店业务自成体系,同质同构现象突出,资源的有效利用率低
O:机会	T:威胁
• 实体书店进一步融入文化旅游、创意设计等相关行业发展 • 随着高等院校扩招,将扩大教育图书市场 • 随着国家经济的高速发展,消费者图书购买能力增强,对文化生活的追求更高,人们购买正版图书的意识增强 • 对于上年纪的人来说,新华书店对他们有莫名的感情色彩	• 中小学教材免费对新华书店中小学教材的销售造成了巨大影响 • 新进入者的威胁,如网络书店、民营书店等在国内迅速发展 • 替代品的威胁,如电子书、二手书等,越来越受消费者的欢迎

（3）制定行动计划或报告

在完成环境因素分析和 SWOT 矩阵的构造后,便可以制定出相应的行动计划。制定计划的基本思路是:发挥优势因素,克服劣势因素,利用机会因素,化解威胁因素;考虑过去,立足当前,着眼未来。运用系统分析的综合分析方法,将排列与考虑的各种环境因素相互匹配起来加以组合,得出一系列公司未来发展的可选择对策。

实践练习

○● 任务

某校实施 STEM 教育两年有余,基本的安排是每周一次课,每次课时 40 分钟。但考虑到 STEM 教育的特点,现学校计划在总课时不变的情况下,将其课程安排为大课（两节课连上）,隔周上课。请你和小组成员们运用 SWOT 分析法,完成对这种课程安排变化的全面分析,并生成可行性报告及相关实施建议。

【人数】小组合作,每组 5—6 人为宜,需主持人 1 位,记录员 2—3 位。

【物料】根据不同的实际需要进行准备。

【时长】建议 0.5—1 小时。

交流讨论

（1）小组之间展示分享最终的报告及实施建议，并给予点评；
（2）讨论 SWOT 分析法的适用情况。

关键提醒

SWOT 方法的贡献就在于用系统的思想将那些看似独立的因素相互匹配起来进行综合分析，使得计划的制定更加科学全面。

本章小结

本章主要介绍了创新设计思维的第五个步骤：如何评估修订。有了对想法的原型设计及具体方案，接下来可以通过测试评估来检验设计的方案是否真正解决了问题。可用性测试、访谈法的应用，可以帮助检验方案的可行性，并获取用户的反馈信息；反馈捕获网格图及SWOT 分析法的应用，可以帮助快速整理用户反馈，明确设计方案的修订方向。

下面对这几个小工具的使用情境进行简单的区分，以帮助使用者在使用过程中可以根据具体情景合理选用。

过程	工具	适用情境
评估修订	可用性测试	希望通过多种方法等来检测设计方案的可用性时
	访谈法	希望具体地了解用户的真实感受时
记录/整理反馈信息	反馈图	希望系统地了解反馈信息，并对其加以归类整理时
	SWOT 分析法	希望从优势、劣势、机会、威胁四个角度全面了解设计方案，以制定后续的调整策略时

自查问题

（1）在应用"可用性测试"方法时，任务的设计需要注意哪些核心要点？

（2）访谈过程中需要注意哪些提问原则？

（3）在利用"反馈捕获网格图"法整理反馈信息时，一般从哪几个方面进行分类整理？

本章练习

在前面章节中，我们已经完成了对想法的原型设计和方案设计。在此基础上，运用本章学到的评估修订工具，对前面原型进行全面评估，记录整理反馈信息。

主题一：食堂用餐记

■ 在"智慧食堂"中用餐，用户的感受如何？

■ 是否遇到了哪些新的问题？

■ 为什么会遇到这些新的问题？

■ 你的解决办法是什么？

■ ……

主题二：遗失的彩虹

■ 游览于重建后的彩虹村里，村民的感受如何？ 游客的感受如何？

■ 村民和游客分别遇到了哪些新的问题？

■ 为什么会遇到这些新的问题？

■ 你的解决办法是什么？

■ ……

主题三：梦想改造家

■ 体验改造后的物品，用户的感受如何？

■ 是否遇到了哪些新的问题？

■ 为什么会遇到这些新的问题？

■ 你的解决办法是什么？

■ ……

第七章　如何演进发展

....

　　经过了前面五个环节，设计者应该已经有了非常好的创意想法和基本的原型设计，到了付诸实践的时候了。本章就来介绍一些如何将已有的想法/原型落到实处，让创意的种子生根、开花、结果。

工具一　后续步骤规划，制定详细行动计划

应用情境

- 需要对已有想法制定具体行动计划时
- 需要将任务进行分解，落实到具体的负责人、时间节点上时

　　后续，即是接下来的意思。后续步骤规划，即是指有了基本的想法或原型之后，对接下来设计的发展步骤做出具体的行动计划。它可以帮助我们将想法落地，变为真实的产品或实物，更加高效地管理和实现既定的目标。关于后续步骤规划的方法也有很多，下面来介绍一个常用于任务分解的 WBS 原则。

....

WBS 原则：

　　工作分解结构（Work Breakdown Structure，简称 WBS）就是把一个项目，按一定的原则分解。项目分解成任务，任务再分解成一项项工作，再把一项项工作分配到每个人的活动中，直到分解不下去为止。通过这样的分解，可以将原本没接触过的事情分解为一个个之前做过的事情。即：

项目 → 任务 → 工作 → 活动

在创建 WBS 的过程中，应遵循如下几个原则：

（1）100% 规则。每一个层次应该完全细分上一个层次，不能出现漏项。

（2）每一项工作应有明确的负责人。

（3）一个活动只能对应一个可交付成果。如果发现分解出来的最底层活动可以产生两个或两个以上的可交付成果，那就说明分解得不充分，需要继续分解。

应用步骤

（1）创建概述，罗列任务

创建一份概述，罗列所有用来支持你想法实现的具体行动。

比如在"讲台设计"中，要把想法变成现实，必须经历如下几个大的行动步骤：

■ 产品设计；

■ 产品制作；

■ 产品推广。

（2）用 WBS 原则分解任务

这些具体行动，转化为需要实现的任务，并按照 WBS 原则对每一个任务进行分解，分解为一个个具体的小活动，直到小活动不能再继续往下分解为止。并将其记录在便利贴上。

以"讲台设计"为例，可以将上述行动分解为如下具体任务和小活动：

■ 产品设计

• 原型设计。

• 材料选择。

• 色彩搭配。

• 模型制作。

■ 产品制作

• 厂商确认。

√ 寻找商家；

√ 比价。

• 细节沟通。

      √ 数量；

      √ 日期。

- 测试评估。

      √ 测试体验；

      √ 质量检测。

- 批量生产。

- 产品验收。

      √ 数量清点；

      √ 抽样调查。

■ 产品推广

- 宣传推广。

      √ 宣传方案；

      √ 宣传渠道。

- 专利申请。

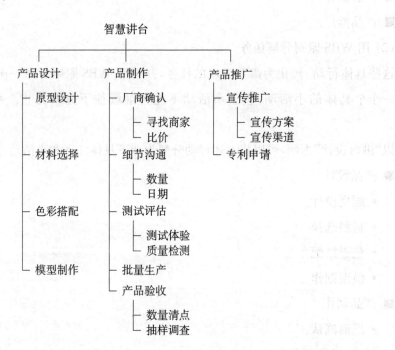

(3) 审视问题，分配任务

为你的小组成员或合作伙伴合理分配任务。重新审视上述问题或者任务，并决定谁负责哪个任务,在对应的便利贴上写下他们的名字。

提示:建议首先以自愿原则让成员认领自己擅长的任务,以便发挥各自的长处。

(4) 创建时间线,明确验收标准

将所有的任务映射到时间轴上,对时间及具体任务期限达成共识,同时明确在时间期限内需要达成的目标标准。

创建时间线时,可以参考"甘特图法"。甘特图法是一种制定项目进度规划的技术,它是在 1917 年由美国工程师和社会学家亨利・甘特(Henry L. Gantt)发明的。甘特图又称为"横向条形图"或"横道图",它能够以图示的方式反映工作任务与时间之间的关系,有助于计划、协调以及任务分配,且简单、明了、直观、容易掌握,因而在项目管理中大受欢迎。

一个典型的甘特图是由横轴与纵轴构成。纵轴称为"任务栏",表示构成整个项目的任务(或活动)。可以依照 WBS,把项目的所有任务(或活动)按一定的排序填写到任务栏中。横轴表示项目的时间,并按照特定的时间刻度(如小时、天、周、月、季度、年等)呈现出来。横轴上变化的长度代表了次序、时间以及每项任务(或活动)的时间范围。

在"讲台设计"中,以"产品制作"环节为例。在大白纸上画一个大表格,横轴表示时间线、纵轴列出要完成的具体任务。将每个具体任务下面包含的小活动一一写在便利贴上,并在便利贴上写上该活动的负责人名字。然后按照时间线贴到对应的表格中:

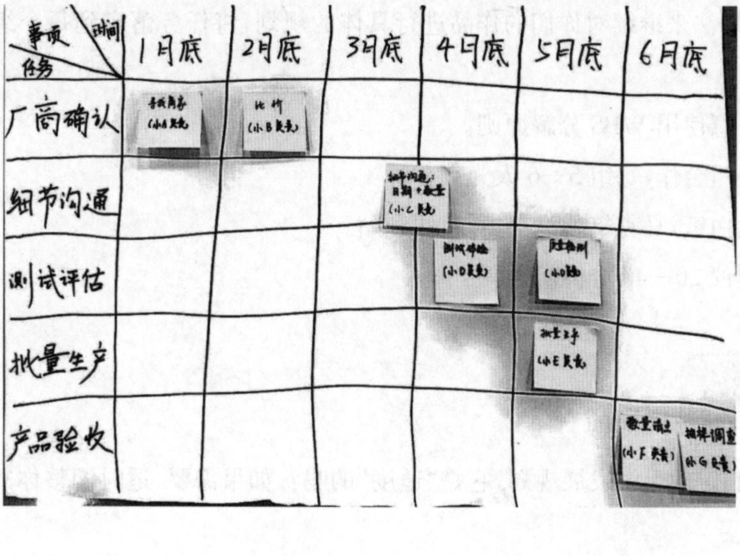

☆★ 提示

任务的呈现形式是多样的,可以是表格,也可以是图解任务行动等。

事项\时间	1月30日	2月10日	3月1日	3月10日	完成任务 3月15日
签订合同				标书谈判	UDD
APP应用			高管层应用		
POC报告		工业4.0	云/移动		
认可解决方案		以财务为核心			
设计思维	四大问题				

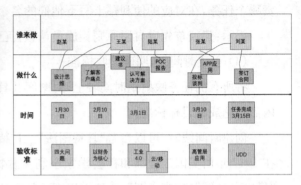

（5）定期签到，分享交流

制定一个定期的、非正式的团队会议时间以保持团队发展动力，利用这个时间分享交流各自的想法。

实践练习

○● 任务

经过前面的原型设计和评估修订，相信小组的作品已经非常棒了，接下来请你们一起利用后续步骤规划法来继续对你们的作品进行具体的规划，将任务落实到每个组员，以便将想法落地。

【要求】注意使用 WBS 分解原则。

【人数】小组合作，每组 5—6 人为宜。

【物料】大白纸，马克笔若干支，彩色便利贴。

【时长】建议 20—40 分钟。

交流讨论

（1）反思制定的后续发展规划，它是"适度"的吗？如果需要，适时调整你的规划，以适合小组的整体节奏。

（2）小组间展示分享所制定的后续发展规划。

关键提醒

计划只是一个帮助我们规划时间的工具而已,最重要的是执行、调整。在制定计划时,一定要牢记"适度"两个字。只有适度的计划才具有指导意义,非常容易实现的计划本身就没有太大价值,而实在难以企及的计划则会更多地增加压力和焦虑。

工具二　服务蓝图,描绘精确的服务系统

应用情境

• 开发新服务:传达一项新服务的执行计划,先在纸上对服务进行概念上的创造、研究和检验,可以减少盲目操作带来的资金浪费

• 分析老流程:进行细节性分析,衡量服务执行过程的每一步是否达标,有益于改进、交流和培训

服务蓝图(又称服务过程分析图),是一种准确地描述服务系统的可视化工具,它借助于流程图,直观地揭示了组成服务的各要素和提供服务的步骤。服务蓝图以其简明易行、实用高效的特征,广泛应用于政府服务、金融、保险、医院、教育培训、交通运输、商品贸易、餐饮等企事业单位。服务蓝图将用户体验、顾客员工之间的交互与后台业务联系起来,有助于工作人员了解自己在服务中的地位、作用以及整个服务流程,有助于合理地设计和改进当前的服务系统。服务蓝图通常被设计成四个行为部分和三条分界线[23]。

四个行为部分:

(1)顾客行为:顾客在购买、消费和评价服务的过程中所采取的步骤、选择和行动以及它们之间的相互作用。

(2)前台员工行为:在与服务人员的互动过程中,用户能够看到的、直接接触的员工行为。

（3）后台员工行为：顾客看不到的、发生在幕后的员工行为，是为了支持前台行为而开展的活动。

（4）服务的支持过程：为了支持顾客接触员工而履行的内部服务过程和互动行为。

三条分界线：

（1）外部互动分界线：将顾客与前台人员的互动行为区分开。

（2）可视分界线：将用户看到的与看不到的服务行为分开，可视分界线以上是用户可直接体验的前台行为，分界线以下是用户看不到的但却支持着服务全过程的服务行为。

（3）内部互动分界线：用以区分接触服务人员的活动和其他支持服务活动。

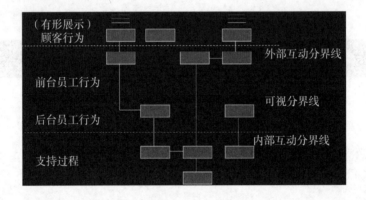

□■ 注意

服务蓝图不是记录用户体验，而是以用户的体验作为起点，揭示组织如何支持该服务。

应用步骤

毕业季之际，为了给即将离校的学生提供交易平台，校学生会决定承办跳蚤市场的活动，不仅可以有效地促进资源再生与循环利用，还可以让学生感受到自主理财的乐趣，丰富学校的校园生活。下面以毕业季跳蚤市场为例，进行服务蓝图的设计，其绘制方法的详细步骤如下：

1. 识别服务过程及对象。针对所要开展的服务，首先需要识别将要建立服务蓝图的服务过程，明确服务过程中涉及的对象。

　　跳蚤市场的整个服务过程包括学生顾客、前台、后台服务人员以及支持行为的整个服务过程。

　　2. 展现服务过程。从学生的角度出发,用流程图的形式,将服务的整个过程展现出来。

　　3. 绘制服务蓝图。通过前面梳理了整个服务过程,下面开始进行服务蓝图的设计。具体的绘制步骤如下:

　　(1) 服务蓝图框架:画三条线,描述学生顾客、前台、后台服务人员的行为和支持过程

　　(2) 填充行为和支持过程。将学生顾客行为、前后台服务人员行为与支持过程填充到服务蓝图框架的对应位置,根据行为或支持过程的服务走向使用箭头(单向箭头/双向箭头)相连,更加明确整个服务的开展过程。

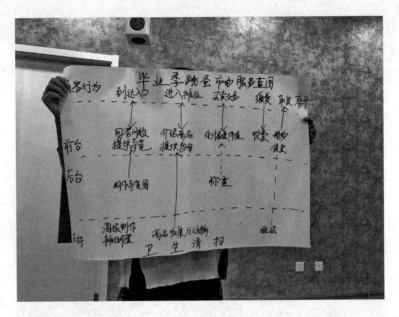

（3）有形展示。为了传达服务特色及优点，可以有选择性地将有形组成部分填充在服务蓝图的最上面，将顾客行为利用可视化的内容展现出来。如操场、咨询处、摊位等。

4. 证实和完善服务蓝图。在初步完成了服务蓝图的设计后，可以根据服务过程完整地通览一遍，看看是否有漏掉的行为或过程，通过讨论交流进一步完善服务蓝图。

实践练习

○● 任务

近期，我校"校园十佳歌手大赛"即将迎来总决赛，为合理安排比赛前的观众入场流程，需要对观众的签到、发放礼物、座位引领等方面做出服务设计。作为大赛的赛前筹备人员，请以小组为单位，利用前面所学的服务蓝图绘制方法，完成观众入场的服务蓝图设计。

【要求】使用服务蓝图的绘制步骤。

【人数】小组合作，每组 5—6 人为宜。

【物料】大白纸，马克笔若干支。

【时长】建议 20—30 分钟。

交流讨论

（1）小组间展示分享制定的服务蓝图；

（2）针对小组内制定的服务蓝图，讨论其应用价值以及如何开展应用。

工具三　商业模式画布，探索整体商业视图

应用情境

- 帮助学校中的创新创业者催生创意，提供灵活多变的想法和计划时
- 帮助学校中的创新创业者精准锁定目标用户，合理解决问题，满足用户需求时
- 根据目前环境变化，及时地调整创新计划，更好实现创业愿景时

商业模式画布是一种分析企业价值的工具，描述了企业如何创造价值、传递价值以及获取价值的基本原理。商业模式画布主要用来帮助创新创业者建立可视化以及测试自身商业模式的可行性，从而避免挥霍资金或盲目地叠加功能。将商业模式中的元素标准化成九个模块，引导思维，并方便将素材进行归档。也就是说，我们将收集到的素材分模块填充，在完成下面这张图的时候，企业的商业模式也水到渠成。画布中的每一个方格都代表着成千上万种可能性和替代方案，创业者要做的就是找到最佳的那一个。

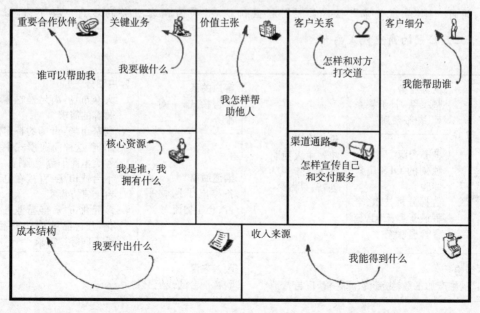

【商业模式画布九大模块】[24]

商业模式画布最重要的就是思考 9 个模块的问题：

- 客户细分：我能帮助谁？
- 价值主张：我怎样帮助他人？
- 渠道通路：怎样宣传自己和交付服务？
- 客户关系：怎样和对方打交道？
- 关键业务：我要做什么？
- 核心资源：我是谁，我拥有什么？
- 重要合作伙伴：谁可以帮助我？
- 成本结构：我要付出什么？
- 收入来源：我能得到什么？

案例分析

三只松鼠

三只松鼠股份有限公司于 2012 年创立，在短短的 7 年时间内，成为不少人心目中的零食首选。三只松鼠产品丰富，有坚果、肉脯、水果干等休闲膨化类食品。三只松鼠不断致力于产品的创新、健康、绿色。同时，吸引顾客的也是其"松鼠"文化。活泼的松鼠，带给人健康与活力，同时产生"松鼠使命""松鼠愿景""松鼠价值观"等为顾客服务的理念。接下来，让我们看一下三只松鼠的商业模式画布。

重要合作伙伴 IDG 今日资本 峰瑞基金	关键业务 坚果系列、干果系列、花茶系列	价值主张 超越主人预期、真实、奋斗为本、创新、只做第一	客户关系 零售模式；一对一服务	客户细分 1. 大众市场：满足爱吃零食的顾客的需求 2. 利基市场：市场的特定需求制定，这种商业模式主要在各类电商平台上运行 3. 平台或市场：直接在电商平台上官方售卖 4. 多元化市场：经营业务多元化，开售品牌周边商品，迎合不同客户需求
	核心资源 独创的 OFS 用户体验、数据分析技术、全程最新鲜、ERP 流程管理系统		渠道通路 各类电子购物平台、仓库物流	
成本结构 原料费、生产加工费、物流费、库存费、广告营销费			收入来源 购物平台的线上交易	

应用步骤

在进行商业模式分析时,首先,我们要了解目标用户(客户细分),再确定他们的需求(价值主张),想好通过什么渠道接触到他们(渠道通路),与客户维系哪种关系(客户关系),怎么盈利(收入来源),凭借什么筹码实现盈利(核心资源),必须要做哪些事情(关键业务),哪些人可以提供帮助(重要合作伙伴),将在哪些地方付出成本(成本结构)……

下面,以学校文创产品服务的主题为例,通过各个模块的关键问题引发思考,按步骤完成商业模式画布:

1. 客户细分

√ 我们正在为谁创造价值?

√ 谁是我们最重要的客户?

√ 谁会影响到客户的购买?

√ ……

针对学校文创产品服务,客户细分可以从学校、教师、学生、家长、访客(领导、校友、参观者)几个方面考虑。

2. 价值主张

√ 我们在给客户传递什么样的价值?

宣传学校文化价值。

√ 我们正在帮助我们的客户解决哪些需求?

(1) 对学校价值观的认同;(2) 对文创产品的使用需求。

√ 我们正在提供给客户细分群体哪些系列的产品和服务?

教师:学校服饰、文房用品、生活用品。

学生:学校服饰、文房用品、生活用品。

访客:创意摆件、学校标识周边(校徽、吉祥物之类的)。

家长:生活用品(杯子、冰箱贴、餐具)

√ ……

价值主张要素列表

定　　　性	定　　　量
设计 客户体验 定制化 便利性	价格 服务速度 成本削减 性能

3. 渠道通路

√ 通过哪些渠道可以接触我们的客户细分群体？

学校开放日、学校年会、校庆、家长会等大型校园活动。

√ 哪些渠道最有效？哪些渠道成本效益最好？

校庆、学校开放日、学校年会是有效的渠道，其中校庆和学校开放日的成本效益最好。

√ 如何把我们的渠道与客户的例行程序进行整合？

专门的渠道；整合在各个渠道中。

4. 客户关系

√ 我们每个客户细分群体希望我们与之建立和保持何种关系？

学校：合作、销售、供应（租赁）。

教师：销售。

学生：销售。

访客：销售。

家长：销售。

√ 哪些关系我们已经建立了？

学校：合作、供应。

√ 这些关系成本如何？

合作：已经拿到学校官方许可；供应：场地租金等。

√ ……

5. 收入来源

√ 什么样的价值能让客户愿意付费？

精神价值；使用价值。

√ 他们现在付费买的是什么？

学校文化。

√ 他们是如何支付费用的?

购买、合作、服务兑换。

√ 他们更愿意如何支付费用?

购买。

√ 每个收入来源占总收入的比例是多少?

70%,20%,10%。

√ ……

6. 核心资源

√ 我们的价值主张需要什么样的核心资源?

√ 我们的渠道通路需要什么样的核心资源?

√ 我们的客户关系需要什么样的核心资源? 我们的收入来源需要什么样的核心资源?

√ ……

通过上述问题的思考,我们的核心资源可以包括:学校标识的官方授权、专业的设计师、专业制作供应商、低成本的设计制作。

7. 关键业务(设计+销售)

√ 我们的价值主张需要什么样的关键业务?

√ 我们的渠道通路需要什么样的关键业务?

√ 我们的客户关系需要什么样的关键业务?

√ 我们的收入来源需要什么样的关键业务?

√ ……

我们的关键业务主要就是设计、制作、宣传与销售。

关键业务分类

	制造产品	问题解决	平台/网络
示例	设计+宣传	专业设计师+品牌营销	学校主题活动日 线下实体店 淘宝/微信小程序

8. 重要合作伙伴

√ 谁是我们的重要伙伴？

√ 谁是我们重要供应商？

√ 我们正在从伙伴那里获取哪些核心资源？

√ ……

我们的重要合作主要来自两方面：

学校：场地租赁＋官方授权＋活动合作。

制作供应商：设计物的制作。

9. 成本结构

√ 什么是我们商业模式中最重要的固有成本？

官方授权＋场地租赁。

√ 哪些核心资源花费最多？

官方授权。

√ 哪些关键业务花费最多？

设计。

√ ……

上述问题的思考与回答，我们明确了商业模式画布的九大模块，接下来就可以按照商业模式画布的具体形式表现出来。

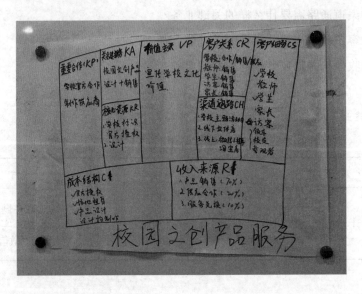

实践练习

○● 任务

在大学校园里,咖啡厅不只是喝咖啡的地方,而是在经营一种年轻的、高品位的、热爱交流和分享的生活。随着不少创业者扎进了校园开店这股热潮中,校园咖啡也随之越来越火爆。请以小组为单位,作为创业者,设计一份校园咖啡的商业模式画布。在白板上用便利贴记录想法,逐渐把画布的每一个模块都贴满。在填写的过程中,尽量列出多种不同的可能性,然后再根据当前的实力和既定的目标,选择合理的方案。

【要求】根据上述应用步骤中的关键问题启发思考,并填充商业模式画布。

【人数】小组合作,每组 5—6 人为宜。

【物料】白板,便利贴,马克笔若干支。

【时长】建议 20—30 分钟。

交流讨论

(1) 小组间展示分享设计的商业模式画布;

(2) 针对设计的画布,请思考如何提升现有的工作,并展开讨论。

工具四　故事法,有效传播价值和理念

应用情境

• 需要向别人分享传播设计过程时

• 希望自己的设计创新得到别人的理解和认可时

故事法,简单来说就是"讲故事",故事可以让人更快地认同你的观点和想法,接受你的设计。故事是交流设计过程及经验最有力的一种方式,也是影响和说服别人的最佳工具。

案例分析

1. 用一分钟的时间记忆下述 14 个词语,你能记住几个?[25]

鲁迅,故乡,阿Q正传,藤野先生,社戏,狂人日记,孔乙己,从百草园到三味书屋,呐喊,一件小事,父亲的病,彷徨,药,祝福

---

2. 用下面的例子将上述 14 个词语串联起来,默读一遍,你能记住几个?

鲁迅回到故乡后,让阿Q约藤野先生晚上一起去看社戏,戏的名字叫《狂人日记》,戏中主角孔乙己吃饭后从百草园到三味书屋,一直发疯似的向人呐喊。人们觉得他病得不轻,这不是一件小事,估计是遗传了他父亲的病,彷徨着该不该让他喝药。最后还是喝下了药,然后唱着祝福睡着了。

同样的词语,用故事法将其联结起来后,记忆就会变得容易得多。由此可见,故事能提高记忆留存率,让更多人在短时间内记住你的故事。那么,如何运用故事法来说服和影响更多人呢?

台湾统一面　小时光面馆[26]

相信很多人都吃过统一方便面,在电视上也经常看到统一方便面的广告。20 世纪 90 年代以来,方便面凭借着方便、即食、快捷等特点,受到了人们的热烈欢迎。来自台湾的统一方便面品牌迅速占据市场,成为了人们日常生活中的饮食必备之一。然而,这几年,方便面销量面临着增长的困境,除了市场环境的变化,核心原因还是品牌形象的老化,与新一代年轻人沟通不足,导致认知度不足,出现被竞品替代的危机。

为此,从 2016 年开始,统一方便面就着手改变之前关于方便面的固有品牌形象,寻找可以与新一代年轻人进行沟通的方式,打造全新的品牌 IP,重建产品价值和重振品牌形象。经过反复调研思考,统一最终将传播切入点瞄准了统一方便面最特殊的调味料——情感,匠心打造了人气系列广告"小时光面馆",通过创建一个虚构的面馆——"小时光面馆"作为故事背景,"以心情调味"作为其主要的产品理念,以微电影的方式述说了 10 多个心情故事和创意料

理。每一条广告片都以小时光面馆老板为第一人称向观众讲述了发生在面馆顾客身上的故事，或是开心、或是悲伤、又或是让人意想不到。看似平凡的每一个面馆顾客在小时光面馆老板读来都像是一本厚厚的书。每个顾客都像是自己相交数年的老友，面馆老板总有办法做出一道最符合这个顾客心境的面条料理。当然，这同样是统一面穿插于故事中间，想向消费者传递的品牌内涵：用心做好每一份面，以心情调味。

无疑，小时代面馆系列广告是成功的，其在 YouTube 发布三个月内，就获得了超过 870 万的浏览量，更是带动了统一销售额 37% 的增长。究其成功原因，则是其告别了过去"强调产品本身没有防腐剂、食品安全、用油、黑心食品等问题"的宣传方式，而是营造了不同的情境氛围，让消费者能够与"蓄势告白、难忘过去、期待邂逅"不同的心情与情境连接。选择在正确的时间，通过合适的方式，向其目标人群讲述它的故事。故事是最好的吸引、打动、留下记忆、传递情感的方式。产品需要文化推广，人与人之间也需要充满情感的故事来维系。

应用步骤

1. 了解你的听众。思考你正在试图让哪些人为你的想法而兴奋，置身其中，思考如何才能让他们对你的想法感兴趣？他们会被什么刺激到？

☆★ 提示

　√ 对教育者：它如何有助于我的工作？它将如何帮助我的学生获得成功？

　√ 对管理者：这将如何影响对我们学校的看法？

　√ 对父母：这将如何帮助我的孩子在学校中获得成功？

　√ 对学生：这将如何使学习变得更加有趣？

　√ 对潜在的团队成员：为什么我想成为该团队中的一员？对我有什么好处？我能获得什么？

---

2. 确定你的故事人物主角、发生的时间和地点。
- 设定人物身份，可以是虚拟的，也可以是真实的。
- 设定故事发生的时间和地点。

3. 创建叙事。讲述一个简短而有趣的故事，将故事的起因、经过和结果描述清楚。
针对前面过程中发现的问题以及设计的解决方案，你所创建的故事可以聚焦解决方案最重要的部分。描述是什么激发了你的想法以及该想法是如何满足用户需求的，描述你在原型制作、测试过程中获得的反馈信息。你可以从以下几个方面入手。

(1) 收集记忆。和团队成员一起回忆该想法的整个衍生过程，比如最精彩的时刻、最令人惊讶的遭遇、最有挑战意义的日子等，将它们一一记录在便利贴上。

(2) 创建概述。你可以试着回答以下几个问题：

√ 你开始有什么挑战？

√ 团队成员有哪些？

√ 有哪些合作伙伴？

√ 你都发现了哪些需求？

√ 你是如何处理这些需求的？

√ 你学到/使用/创造了哪些经验？

(3) 讨论有趣的经历。比如，

√ 在寻找灵感过程中最让你惊讶的事是什么？

√ 最荒谬的头脑风暴想法是什么？

√ 最具创新的原型设计是什么？

√ ……

(4) 分享你的印象。比如，

√ 哪个时刻的经历是最有价值的？

√ 在整个过程中，哪个阶段是最艰难的？

√ ……

4. 传递价值。阐述你的想法为涉及到的各类人群提供的价值。你的解释说明要足够清晰明确，具体描述你的需要，清楚地知道你想从用户那里获取什么，及你需要哪些支持？

5. 凸显梦想。重要的是告诉别人"我有一个梦想"而不是"我有一个计划"，因此在设计故事时考虑以下问题：

• 你的计划是什么？

• 你的梦想是什么？

• 把计划融入梦想之中。

6. 设置冲突。

在故事中可以设置人物或事件的冲突。冲突点就是故事的转折点，将故事进展推向高潮。故事必须产生"意料之外，情理之中"的化学反应，使结局能够在高潮之后发生逆转。

7. 传播你的故事。

你需要考虑、寻找多种分享故事的方法和途径,具体包括:

√　制作材料,帮助团队成员分享交流故事;

√　撰写电子邮件,并转发;

√　制作一个推文,通过微信朋友圈、微信公众号、微博等社交媒体共享;

√　撰写一篇简短的叙述或是文章,借助学校校园网发布传播;

√　……

实践练习

○● 任务

为你们小组的残障人士产品设计故事,并召开产品发布会,分享交流。

【人数】小组合作,每组 5—6 人为宜。

【物料】大白纸、马克笔若干支、彩色便利贴。

【时长】建议 20—40 分钟。

交流讨论

(1) 如何对自己想法的演进发展做后续步骤的规划?

(2) 如何为自己的设计过程创建一个叙事故事?

(3) 如何才能帮助你的想法更好地变为现实,除了上述介绍的内容,你还有其他更好的
　　 方法吗? 请具体说明。

本章小结

本章主要介绍了创新设计思维的最后一个步骤:如何演进发展。该过程主要包含创新
想法的进一步演进规划及其在更大范围内的传播。后续步骤规划可以帮助我们分解任务目
标、制定具体的行动计划;服务蓝图及商业模式画布的应用,可以帮助我们全面地了解、规划

方案设计的服务流程、规避风险；而故事法，则可以有效地实现想法的分享和传播，让更多的人了解设计过程，使创新设计得到更多的认可。

过程	工具	适用情境
演进步骤规划	后续步骤规划	需要对后续设计任务进行分解，制定具体行动规划时
	服务蓝图	需要规划设计方案的整体服务流程时
	商业模式画布	需要在更大范围内规划想法/设计方案的整个业务流程，判断其商业模式的可行性时
传播想法	故事法	希望在更大范围内分享/传播设计故事、得到更多人的认可时

自查问题

（1）在应用"后续步骤规划"方法时，如何对任务进行合理分解？

（2）如何才能创建一个好的叙事故事，一个好的故事应该包含哪些要点？

本章练习

在上一章中，你已经完成了对原型的评估修订，一个基本的设计已经生成了。在此基础上，运用本章学到的后续演进发展工具，进一步规划你的设计，制定具体的行动计划，以实现你的想法。

■ 如何实现你的设计方案，其包含了哪些具体的行动任务？

■ 根据分解后的任务制作行动计划（落实到具体的负责人、日期等）。

■ 分享传播你的故事。

■ ……

第八章　一线教学案例

牛奶的变化

青岛市崂山区麦岛小学　杨红艳

教学示例

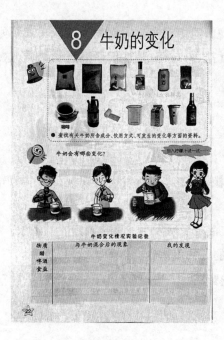

（选自：义务教育课程标准实验教科书，青岛出版社，《科学》，六年级上册）

教学内容

《科学》(青岛版)六年级上册第二单元第八课"牛奶的变化"。

教材分析

牛奶是生活中常见的物质,在不同的条件下,它会有多种变化。学生通过对牛奶变化条件的探究,既能巩固本单元所学的知识,又能丰富对物质变化的认识,培养自行设计实验进行科学探究的能力和乐于用学到的科学知识改善生活的意识。

本课教学教师运用了设计思维的工具与方法,既拥有纵向传统教育所赋予的分析性思维,又有横向创新教育所赋予的设计思维,这种方法突破了常规的教学模式,重新构建了培养学生思维素养的高效课堂。

学情分析

六年级的学生从年龄特点和心理特征来看,他们对身边的食物及现象充满了好奇,有着较强的探知欲望,而本课所接触的牛奶、醋、食盐、可乐等,是他们所熟悉的物质,这就更能引导学生运用已有的知识经验来进行学习。

教学目标

1. 认识牛奶中加入啤酒、食醋、食盐、柠檬汁、咖啡等所发生的现象;掌握牛奶胶水的简易制作方法和牛奶的正确饮用方式。

2. 会设计对比实验研究牛奶与不同物质混合后所发生的变化及产生的现象。

3. 能用简单的表格整理数据,能用擅长的方式表达研究过程与结果。

4. 认识牛奶常见的变化及对人们生活的影响。

德育目标

1. 通过感知物质的变化,培养学生的物质观以及合理利用物质的意识。

2. 愿意合作与交流,乐于用学到的科学知识改善生活;关心日常生活中与科学有关的社会问题。

3. 通过胶水的制作这种化学变化,感受中华民族的文化传承及民族团结的力量。

教学重点

1. 探究牛奶中加入啤酒、食醋、食盐、柠檬汁、咖啡等生活中常用的物质所发生的变化。

2. 如何制作牛奶胶水及正确饮用牛奶的方式。

教学难点

掌握牛奶胶水的制作方法和牛奶的正确饮用方式。

教学准备

纯牛奶、大白纸、脱脂牛奶、食醋、啤酒、食盐、柠檬汁(或橘汁、橙汁)、小苏打、烧杯、药匙(小勺)、玻璃棒、纱布、有关牛奶的影像资料和图片、实验记录单。

教学过程

一、视频切入导新课

通过日常牛奶的饮用,导入牛奶的营养。

出示视频(来自邮箱中的求助信),引入课题"牛奶的变化"。

嵌入设计思维工具的意图

科学与生活相结合,生活中处处是科学。教学伊始,由学生熟悉的生活情景"牛奶可不可以和水果、饮料同食?"作为引子,教师基于"牛奶的营养"这一主题引入设计思维工具组织学生进行"头脑风暴",引导学生对这个问题进行快速思考,激发学生的兴趣。学生在一种毫不拘束、自由愉快的气氛中,让思维自由驰骋,打破了以往常规教学的做法,即教师一般会直接讲出牛奶的营养,或者采取学生举手教师提问的方式来进行。引入设计思维工具后,教师从不同角度、层次、方位提出各种设想,本环节课堂更加活跃,教师作为真正的指导者,让学生的主体性得到充分体现,有效地培养了学生的创新思维能力。

二、师生互动学新课

1. 牛奶的变化

平时生活中的聚会同学们都会喝到牛奶,但是有的同学喝了牛奶还想喝饮料,以及平时父母喝酒,会用牛奶解酒,引入新课题:牛奶和这些物质可以发生什么变化,以及生活中还会有哪些物质和牛奶混合会发生变化? 然后按照课本上的步骤进行探究实验。通过实验现象,引出平时喝牛奶应该要注意的事项。

嵌入设计思维工具的意图

在实验探究"牛奶会有什么变化?"这一环节中,学生认识物质,感受物质的变化,通过操作感受到新物质的生成。教师继续引入设计思维工具"头脑风暴法"和"九宫格法"有效地发散学生思维,突破固定思维实验教学模式(发现问题,提出假设,进行验证),引导学生联系生活利用"头脑风暴"思考"牛奶的神奇变化",并利用九宫格矩阵图发散思考的方法,将牛奶这个主题写在九宫格的中心,从四面八方针对牛奶这个主题做审视,把主题所引发的各种想法或联想写在周围表格中,这就将学生思维发散的成果立体形象地呈现到黑板上,让学生的思维过程外化,更加形象直观,课堂也更加高效。探究过程中,学生展现出来的面貌比以往的课堂更加投入,更愉悦,更自信。

2. 用牛奶做胶水

(1) 牛奶与其他物质混合会生成新的物质,那么我们是否可以利用生成的新物质为我们服务呢? 启发学习讨论,进行牛奶胶水的学习制作。

（2）制作好胶水，验证它的性能，并进行品牌、广告词及文案的设计。激发学生的参与热情和创作欲望。

嵌入设计思维工具的意图

在"用牛奶做胶水"这一环节中，教师在常规课堂"根据步骤制作胶水"的基础上，将设计思维工具"设计简介"嵌入了教学环节，不仅仅局限于单纯的模拟实验过程得出实验结果，而是让学生对制作的胶水进行品牌、商标、广告等设计，将课本知识生活化，让学生站在设计师的角度上思考和解决问题，学生的热情被点燃，思维被点亮，课堂上学生充分展示、交流、探究思考，对学生来说设计的小样有了自己的品牌，并以广告的形式演绎出来，挑战了学生的高级思维，拓宽了学生的思维广度，他们的学习能力和科学素养在潜移默化中得到提升。

三、生活实践与拓展

老师想问你们，你们喜欢喝酸奶吗？你们知道酸奶是如何做出来的吗？回家按照课本上的步骤，自己制作酸奶，带着自己美好的心情和家人一起分享吧！

嵌入设计思维工具的意图

"控制"是科学课中常用的一个术语，也是科学的一项基本技能，在这里适当地放手让学生自己去控制是有必要的。绘制做酸奶的心情曲线，将活动延续到课后，关注做酸奶时的情感波动，绘制心情曲线用在这里是一种新颖的过程评价的方法。

板书设计

教学反思

在小学阶段，儿童对周围世界有着强烈的好奇心和探究欲望，他们乐于动手操作具体形象的物体，这一时期是培养科学兴趣、体验科学过程、发展科学精神的重要时期。本节课教师将设计思维工具贯穿于整个探究活动的始终，更加有利于学生形成科学的认知方式和科学的自然观，开发他们的创造潜能。

本课以生活情景为引子，向学生们提出问题：我们喝了牛奶能不能再吃水果、喝饮料？让学生从所熟悉的情景中，感受生活中处处有科学，科学就在身边。要解决这个问题，就需要了解牛奶中的营养成分，通过实验探究得出在饮用牛奶的过程中，我们要注意什么问题，在整个过程中引入设计思维工具头脑风暴、九宫格、设计简介、创建小样等方法。

本探究实验，对于六年级的孩子来说他们已经了解了实验变量的控制问题，但是真要做起实验来，他们却往往忽略了这一点而导致实验的失败。作为教师，应在日常实验教学的过程中，有目的、有意识地通过实验教学来渗透相关的知识，培养学生的观察能力和思维能力。

实验后及时作出总结，作为教师要适当地引导学生得出结论，通过设计思维工具情景故事法，加强对学生的情感态度价值观的培养，使学生的科学素养得到锻炼与提高。

画家凡·高

青岛市崂山区麦岛小学　刘健

（选自：义务教育教科书，人民美术出版社，《美术》，四年级下册）

教学内容

《美术》（人美版）四年级下册第十七课"画家凡·高"。

教材分析

本课属于"欣赏·评述"学习领域，从了解画家开始，感受画家在创作时受所处时代和环境的影响，因而形成不同的绘画风格，教会学生以画家为主题进行欣赏的方法。只有深入理解画家,才能更深入地理解其美术作品的真正含义。

　　本课教学运用了设计思维的工具与方法,设计思维以解决方案为基础,这对美术课"欣赏·评述"类课型有着至关重要的意义。本课在传统教育模式和创新教育模式中的尝试取得了良好的平衡,重新构建了培养学生思维素养的高效课堂。

学情分析

　　四年级下学期的学生已对绘画题材、形式及风格有了初步认识,也具备一定的语言表达能力、阅读能力、理解能力和自主搜集资料的能力。但本课首次提出以画家为专题的欣赏活动,学生在领悟、理解、文化艺术积累上还需教师为其逐步搭建阶梯,提供有效的学习方法,帮助他们开展专题性欣赏学习。

教学目标

　　1. 了解凡·高生平及绘画风格,知道如何对一名画家及其作品进行专题性研究。
　　2. 能对画家的作品进行多角度的欣赏和评述,能依据调研主题自主查阅搜集资料。
　　3. 尝试感受凡·高对艺术的热情、执着和创新精神,初步感悟人若身处逆境,应正确、积极地调整心态。

教学重点

　　初步了解画家凡·高的生平,认识画家的绘画风格,能用语言或文字等方式表达自己对作品的认识和感受。

教学难点

　　感受作品的思想内涵,能从内容、色彩、笔触等方面表达自己对作品的感受。

教学准备

　　记录、讲述凡·高生平的著作或视频资料,画笔,画纸,教学 PPT。

教学过程

通过数字对比激发学习兴趣,导入新课。

今天的美术课先来看两个数字,一个是 80,一个是 82 500 000,大家知道这两个相差极大的数字和我们今天要调研的画家凡·高有什么联系吗?

这是凡·高的作品《红色葡萄园》,也是他生前唯一卖出的作品,仅值 80 美元;而这幅《嘉塞医生的画像》却在他死后卖出了 8250 万美元。同是一个人的画,为什么价钱会差这么多? 凡·高究竟是怎样的一个人? 我们该如何欣赏他的作品? 带着这些问题,我们一起来看下面这段视频。

课堂新授:

1. 借助影片和九宫格、世界咖啡,初步感受画家人生和职业生涯面临的问题。

看完这段影片,你会用哪个词形容凡·高?

根据影片和调查,请大家小组讨论:凡·高为什么会变成这个样子?

嵌入设计思维工具的意图

九宫格的使用可以帮助学生迅速对影片中人物的特点进行定位,在这个基础上再结合使用世界咖啡,帮助学生在放松的状态下进行交流分享,探索导致画家出现问题的症结所在,有助于加深学生对凡·高理解。

2. 以画家生平为线索,分析其各时期作品的主要特点,进一步了解凡·高。

纽南时期

1853 年,凡·高出生在荷兰一个乡村牧师的家庭,27 岁之前的凡·高做过两份工作。一份是在画廊卖画,一份是做牧师。做牧师的时候,善良的凡·高经常救济穷人,还画了大量表现穷人生活的作品,其中最著名的就是这幅了。

画的名字叫《吃土豆的人》,大家看一下,你认为这幅作品反映的生活是贵族化的还是平民化的? 你是怎么感觉到的?

凡·高通过暗淡的色调和粗犷的手法表现了穷苦人生活的场景,这让我们感到沉闷压抑。被描绘的人虽然满脸皱纹,瘦骨嶙峋,但看起来却非常真实。

这幅油画真实地展现了劳动人民的生活,在他之前是没有人这样做的,那他的作品会因此而受到欢迎吗?

我们先来看看那个时代受欢迎的作品吧。19 世纪流行的绘画方式就是这样的,画家会以写实的手法来表现贵族华丽奢侈的生活。那我们对比一下，你会看到凡·高的作品无论从表现手法还是内容，都与其存在着巨大差别。

巴黎时期

凡·高乐观地认为总有一天人们会理解、喜欢他和他的作品的。为了更好地学习绘画技巧，他来到巴黎，接触到印象派之后立刻被这种画法吸引住了，作品的风格有了一次非常大的转变。《自画像》和《唐基老爹》就是那时的作品。

你认为同《吃土豆的人》相比，此时画家的作品在颜色的使用上有了什么变化？

他开始使用明亮的色调，笔触也明显了。画面看起来生动多了。

阿尔时期

要追求明亮的色调，就要去阳光明媚的地方。你知道哪儿是法国阳光最灿烂的地方吗？我们一起去看一下！

这就是凡·高最喜欢的地方，法国南部的一个小镇阿尔。因为这里有他最喜欢的阳光和向日葵。

我们现在看到的是真实的和凡·高作品中的向日葵，大家对比一下，你觉得谁展现出的颜色更多？

这么多种黄颜色给你怎样的感觉？

凡·高在大胆使用了各种丰富的色彩后，这幅《向日葵》仿佛真的释放出了灿烂阳光照射下的夺目光芒。这也说明凡·高是一个向往光明、热爱生活的人，也只有热爱生活的人才能画出如此灿烂的向日葵。

你知道，如今这可是凡·高众多作品中被复制最多的一幅，它被不同的人收藏，出现在他们的房间、卧室甚至是电脑屏幕上。可是让我们回到他的时代，它会被人欣赏吗？是啊，依然不被人接受……看来让习惯了传统绘画的人接受这个，真的很难。

对此凡·高感到非常困惑，但他依然坚持绘画。除了向日葵，阿尔吸引他的还有当地独特的风景。

画的名字叫作《阿尔附近的吊桥》。在这幅作品中，让你印象最深刻或最舒服的是什么？

画家大胆地使用了用蓝、橙这组对比色来表现画面，无论是当时还是现在这都是非常大胆的，这件作品堪称他这一时期风景画的代表作。

圣雷米时期

作为一个画家，凡·高对绘画充满着激情和执着。可是长久的不被人理解和承认，也赚不到生活所需的钱，让他的心情糟糕透顶，他生病了。请大家拿起纸笔，尝试以凡·高的绘画特点画一画你心中他此时的样子。

***

嵌入设计思维工具的意图

此环节使用了草图设计,学生经过前期调研和教师讲解已经开始对画家的生平、作品有了深入了解,此时将自己心中的凡·高画出来,是对这位画家极大的致敬。

在与自己的好朋友高更吵了一架后,情绪失控的凡·高割下了自己的耳垂,清醒后他非常后悔,于是画了这幅《自画像》,想送给高更,希望朋友能原谅自己,这也是他战胜病魔继续自己艺术创作的又一个开始。

画中的凡·高眼神平静,悠闲地抽着烟斗,表现了他轻视病魔和与其抗争的决心。对比一下刚才你为凡·高画的人像,你觉得凡·高是怎样的一个人?

***

嵌入设计思维工具的意图

再次使用九官格,相较于开课时学生对画家的定位,此时学生使用的关键词更为丰富和深刻,由中心词发散的思考也更为多元和充分。

凡·高确实是一个狂热的艺术家,他将自己的一切都献给了艺术。但是,他也是孤独的,他是多么渴望有人能走进他的内心深处,尝试着去理解、接纳他啊!

为了治病,凡·高来到了圣雷米。治疗中的他依然坚持创作,这幅《星月夜》就画于此时。

这是凡·高被认为最具有想象力和打动人的作品,你看了这幅画后,第一感觉是什么?

这件作品是凡·高凭自己的想象画出来的,画中的村庄就是圣雷米,它被表现得安静而祥和。但在描绘夜空时,云团被画家以时而旋转时而短促的笔触表现得强烈而有韵律,暗示了他的心情非常激动。他用黄色表现月亮和星星在夜空中耀眼的光芒,这可是他最喜欢的颜色!画面左下角的柏树挺拔有力,像一团火焰似的伸向天空,稳定了整个画面。

这就是凡·高心中的星空,它是一片流淌着自由奔放、星光灿烂、充满自己情感的星空。

每个人的心中都有一片属于自己的星空,你的星空会是什么样的?谁来说一说?你准备用怎样的笔触和颜色来表现?

***

嵌入设计思维工具的意图

此环节使用"世界咖啡",学生在充分自由表达自己观点的同时也能了解其他人的观点,懂得包容和接纳也是本课的一个情感教学目标。

我们也来体验一下像凡·高那样有激情的创作吧,用属于你的笔触和颜色来试一下!

奥弗时期

长时间的折磨让凡·高的病情加重了,在给自己的医生嘉塞画完这幅作品后的第二年,他最终选择用自杀的方式结束了自己的一生。听到这儿也许会有人说,这是意料中的!可是让我们看看吧,凡·高仅用了10年的时间就给我们留下了1 600多幅艺术品,这些作品充满了他对艺术的执着、追求和大胆创新。最终,他也被人们理解和承认,并成为后印象派的代表人物,他的风格也影响了后来立体派与野兽派。尽管他的作品一再被拍出高价,但是真正的艺术却是金钱无法衡量的。作为一位画家,凡·高值得我们尊敬。

我们不是将来都要成为画家或学习美术的人,但我们有必要去了解、认识那些伟大的艺术家,而了解画家的生平有助于我们进一步走进他们的内心世界,也能深入地理解画家在自己作品中赋予的深刻内涵。

板书设计

画家凡·高

色调明亮　色彩丰富　对比强烈　笔触强烈而有韵律

教学反思

作为"欣赏·评述"领域的代表课,"画家凡·高"是一节不太好讲的美术欣赏课。欣赏课具有较强的人文性,而所有的欣赏又是建立在感性基础之上或以此为前提依据的。本课尝试使用设计思维的工具进行教学环节设计,帮助学生逐步由感性认识转入理性思考,尝试以美术独有的语言、形式欣赏分析美术作品,形成基本的美术人文素养。

本课教学设计以画家生平活动轨迹为线索,带领学生了解画家各个时期所经历的大事、大作,借此了解所有艺术创作都是有意为之,这种有意又与画家实际的个人经历有密切联系。四年级学生去理解凡·高在苦痛的生活中以画作表达自己热爱生活、向往光明还是有一定难度,设计思维工具的合理使用很大程度上化解了这个难题,师生在开放、活跃、放松的学习氛围中达成了本课的教学目标。

全家自驾游

青岛市崂山区麦岛小学　刘新巍

教学示例

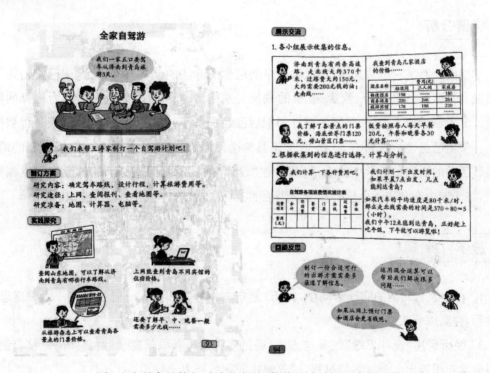

(选自:义务教育教科书,青岛出版社,数学(六年制),四年级上册)

教学内容

《数学》(青岛版),四年级上册第七单元第93—94页。

教材分析

"全家自驾游"为学生创设了一个全家五口要驾车从济南到青岛玩三天的生活情境,让学生从驾车路线、住宿、门票、餐饮等方面有目的、有步骤地合作完成设计全家自驾游计划的过程,感受数学与生活的密切联系。学生在利用数学知识提出合理方案的过程中,培养解决问题的能力。

本实践活动的重点是"实践探究"和"回顾反思"这两个环节。"实践探究"环节分为两个内容,运用多种途径进行实际调查是探究的基础,而在此基础上的分析、选择、计算等又是分析和解决问题的关键。"回顾反思"则是对这个实践活动的总结反思,有实效的反思才能促使学生深刻体会进行实践活动的价值,积累丰富的活动经验。

学情分析

学生已经有了三位数乘两位数、除数是两位数的除法的计算基础,头脑中已经构建了有关速度、时间、路程和单价、数量、总价的数量关系模型,能够顺利解决三步混合运算的数学问题。学生在学习了一、二年级的统计知识后已经具备了一定的收集数据、整理分析数据的能力。学生已经尝试过利用"设计思维"工具解决问题,能够将相关的方法运用于新的情景。本实践活动的内容贴近学生的生活实际,在"设计思维"工具的支持下能够激发学生探究的热情,在活动中有利于学生感悟数学与生活的密切联系,培养学生的应用意识。

教学目标

1. 在全家自驾游的实践活动中,经历"制定方案—实践探究—展示交流—回顾反思"的全过程,提高综合实践能力。

2. 经历运用"设计思维"工具与方法,通过多种途径获取信息、针对具体问题整合信息、利用数学知识提出合理方案的过程,培养解决问题的能力。

3. 通过回顾反思,学生进一步理解所用的知识和方法,积累数学活动经验。

教学重点

通过多种途径和方法进行实际调查,获取相关信息。

教学难点

正确运用数学知识对数据进行分析、计算、制定合理方案,解决实际问题。

教学准备

教具:多媒体课件;

学具:教学纸、地图、计算器、电脑。

教学过程

一、创设情境,谈话引入

谈话:大家国庆假期出去旅游过吗? 说说都有谁到哪里去的、怎么去的、去了几天。

预设1:我和爸爸妈妈坐飞机去海南玩了四天。

预设2:我和爸爸爷爷奶奶开车去泰山玩了两天。

……

谈话:王涛一家五口要驾车从济南来青岛旅游,请求大家帮忙制定一个自驾游计划。我们都需要制定哪些内容呢? 四人一小组,给大家两分钟利用头脑风暴法自由思考讨论,然后汇报。

预设1:我们需要确定一下驾车路线。

预设2:我们需要设计一下行程。

预设3:我们还需要计算旅游费用,比如油费、过路费、住宿费。

嵌入设计思维工具的意图

五口人要驾车去另一个城市旅游需要考虑的事情是很多的。上课之初,先让学生回忆自己的旅游经历,以谈话的方式导入,很好地拉近教师与同学之间的距离,提高学生的学习兴趣,更重要的是调动他们的旅游实践和知识储备,让他们在

"自驾游计划要制定哪些内容"的讨论中找到依据。传统教学只是个别同学积极思考,其他同学补充,补充的往往与已发言的同学想法高度一致,很难将思路打开。本节课设计了"头脑风暴"方法,激发灵感产生,允许成员有充分的时间,形成尽可能多的观点,充分尊重学生在活动中的主体地位。

二、集思广益,制定方案

提问:那我们该怎样确定路线、设计行程、了解费用呢?

引导:我们可以用"九宫格法"集思广益,画出九宫格,在中间写上核心词,在核心词周围的八个格子里填入想到的关键词。

谈话:学生分组讨论,全班反馈交流。(板书:制定方案)

预设1:

朋友	地图	上网
……	路线	导航
……	……	手机

预设2:

朋友	攻略	杂志
……	行程	上网
……	……	手机

预设3:

朋友	电话	上网
……	费用	公众号
……	……	App

引导:那我们都需要准备哪些东西来设计方案呢?

预设1:地图。

预设2:能上网的手机。

预设 3：电脑。

预设 4：计算器。

嵌入设计思维工具的意图

在实践活动的制定方案中，引导学生从研究内容、研究途径、研究准备三个方面有序地来制定活动方案，让他们找到后面实践探究的方向，为后面的实践探究奠定基础。这里引入"九宫格思考法"，利用九宫格矩阵图发散思考的方法，在九宫格的中心写下一个事项，从四面八方针对主题做审视，快速跳离直线思考，帮助我们快速地生成更多的奇思妙想，激发创意的潜能，摆脱了以往学生思维打不开的困境。

三、考虑需求，实践探究

谈话：我们通过交流得知确定路线、设计行程，计算费用很重要，并有了设计思路，而这些因素的确定与这一家人的情况息息相关，我们可以通过"用户画像"的设计思维，通过"是谁，在什么环境下，用什么，做什么，有什么感想"来思考。（板书：实践探究）

大家可以小组合作，从以下三个方面来考虑。

考虑方面	实践途径
确定路线	
设计行程	
计算费用	

学生进行小组反馈交流。

（一）确定路线

预设 1：外出旅游的有老人，他们习惯查阅一下山东的地图，了解从济南到青岛有哪些行车路线。

预设 2：司机一般是爸爸，他会直接用手机百度地图中的导航功能查找行车路线的距离，而且这样比较方便。

（二）设计行程

预设：我们可以上网参考游玩青岛的攻略。

（三）计算费用

预设1：他们一家人旅游，会走高速路，上网上查一查过路费需要多少钱。

预设2：他们是个普通家庭，车百公里7升油差不多，查一查济南到青岛的距离和当前油价，可以知道大约需要花多少车油钱。

预设3：他们来了青岛一定要尝尝海鲜，饭钱会选择较高标准，查一查，早饭、午饭、晚饭大约都要花多少钱。

预设4：他们自驾游，一般不会跟团，要单独买票，可以从旅游杂志上看一看青岛景点的门票价格。

……

（小组交流、教师巡视）

嵌入设计思维工具的意图

课堂上学生小组活动，共同探究需要通过怎样的途径来解决路线、行程、费用等问题，可以锻炼学生通过多种方式和方法获取信息的能力。以往课堂上，同学们讨论后制定方案的汇报大同小异，没有针对性，利用"用户画像"进行一个细致的描述，通过主要特征的提炼，可以使实践探究更加聚焦和专注。同时，小组的合作能进一步激发学生的兴趣，为后面整合信息、利用数学知识计算、分析并提出合理的方案奠定基础。

四、快速原型，展示交流

谈话：同学们利用"草图绘制"法，用纸和笔描绘想法，如绘制流程图、制作路线图、设计界面等。

谈话：下面我们进行展示交流。（板书：展示交流）各小组进行展示，组内各成员每人就一个方面交流。另外，交流后，由别的小组进行补充交流。

小组一：我们小组展示过路费和车油钱的计算方面。

预设1：我了解到从济南到青岛有两条高速道路。走北线大约350千米，过路费大约150元，大约需要200元的油钱。走南线大约370千米，过路费大约160元，大约需要220元的油钱。

小组二:我们小组展示青岛几家酒店的价格。

酒店名称	费用(元)		
	标准间	三人间	家庭房
快捷酒店	158	—	180
商务酒店	220	246	264
旅游宾馆	178	198	210
……	……	……	……

小组三:我们小组想展示一下游玩中的门票价格。

青岛崂山的门票旺季联票 150 元,学生门票半价观光车无优惠,60 周岁以上免门票观光车半价。

海底世界的门票成人 170 元,学生通票 110,网上订票有优惠。

海军博物馆的门票 50 元……

小组四:我们小组想展示一下游玩中一日三餐的费用问题。

饭费按照每人每天早餐 20 元,午餐和晚餐各 50 元计算。

对信息进行选择、计算和分析:

提问:同学们收集到了这么多的信息并进行了展示,下一步我们该怎么办呢?

组内进行分析、计算,教师巡视并进行引导和指导。

小组一:我们通过信息的整理,发现走北线的距离比较短,而且花的费用也比较少。所以,我们得到的结论是我们要自驾游选择北线行驶。

小组二:我们看了酒店的价格,对于一家人来说,我们比较喜欢三人间,在电脑的图片上我们发现,家庭房和三人间的配套设施差不多,为了经济上的节约,我们选择三人间。同时,三人间只有商务酒店和旅游宾馆可以提供,我们发现旅游宾馆的价格比较低,但是从图片上看,卫生条件和设施比较差,所以我们准备选择商务酒店。

小组三:我们组算了一下总共需要的费用,我们可以用表格来展示一下。(根据实际来展示)

自驾游各项消费情况统计表							
消费项目	合计	住宿费	餐费	门票	油钱	过路费	其他
费用(元)							

小组四：我们计算了一下出发时间、到达时间，以便于我们最大程度地游玩。

我们计划早晨 7 点钟出发，如果汽车的平均速度是 80 千米/时，那么我们走北线需要的时间是 $370 \div 80 \approx 5$（小时），那么我们中午 12 点能到达青岛，正好能赶上吃中午饭，下午就可以尽情地游玩啦！

小结：同学们说得真不错，刚才我们是把收集到的信息进行选择、计算和分析。（板书：展示交流）

嵌入设计思维工具的意图

通过让同学们课上查阅资料、展示资料、分析、计算等活动，培养学生收集资料、分析资料的能力。以往同学们的整理不成体系，有时整理速度太慢，影响课堂进度。通过利用"草图绘制"设计思维，得以快速原型，同学们利用绘制流程图、制作路线图、设计界面等方式经历计算费用、时间等活动，提高学生利用所学数学知识分析问题、解决问题的能力，培养学生爱数学、用数学的态度。

五、收获经验，回顾反思

谈话：同学们，有了大家的收集信息、分析信息、分析数据，我们制定出了一份详细的方案，而且王涛同学可以按照这个方案实行了，同学们真棒。下面我们回顾反思一下，（板书：回顾反思）这节课，同学们有什么收获？

预设 1：我们自驾游之前，要做这么多的工作，制作出一份合适可行的出游方案需要多渠道的了解信息。

预设 2：我们运用了混合运算计算出了时间、费用等，混合运算帮助我们解决了实际问题。

预设 3：我发现从网上预订门票和酒店会更省钱。

预设 4：我发现学生证还可以在买门票的时候半价，所以我们可以省下一点钱来买点纪念品呢。

预设 5：在本节课中我们用到了很多设计思维方法，我在思考的时候还用到了"同理心地图"，让设计更贴近实际。

嵌入设计思维工具的意图

通过及时总结实践活动的知识和方法，培养学生总结知识的能力、应用数学的意识,使学生充分体会到用数学知识解决生活中问题的乐趣,同时,学生通过实践活动,积累数学活动的经验,为今后更好地开展数学实践活动奠定基础。

学生在经历了多种设计思维之后能够主动想到其他设计思维的方法并尝试使用,这是思维充分得到拓展的结果。

板书设计

全家自驾游

制定方案—九宫格法—集思广益

实践探究—用户画像—考虑需求

展示交流—草图绘制—快速原型

回顾反思—设计思维—收获经验

教学反思

在这节实践与综合应用数学课中,学生经历解决自驾游的问题,利用设计思维的各种方法作为支架,在体验和感悟中应用知识,在思考中掌握方法,发展能力。

一、注重数学与生活的联系

数学具有抽象、严谨的特点,但离不开丰富多彩的生活。本节课,学生真切感受自驾游中驾车要花多少钱、打算游玩哪些景点等身边的问题,把间接的数学知识与直接的生活体验紧密地联系在一起。引导学生对生活中积累的经验进行综合应用,升华、转化为更高层次的能力。

二、注重知识性、趣味性的统一

兴趣是最好的老师。在教学时选择学生喜闻乐见、感兴趣的材料作为中介、载体,让学生在趣味盎然、情绪高涨的氛围中,主动构建知识。本节课,利用设计思维的头脑风暴法、九宫格法、用户画像法、草图绘制法、同理心地图等进行创造性的手脑并用活动,激活了主动参与的意识,让课堂充满活力,涌动灵性。

三、注重评价,及时反馈

　　这节实践活动课上,要求学生动脑、动口、动手的地方较多,在各环节的时间安排上,不论是独立思考后的自主发言,还是小组交流后的集体结晶展示,尽量让学生有充足的思考机会,让学生畅所欲言,及时中肯地进行师评、生生互评,让学生享受成就感。特别对学困生,发现进步,及时肯定,让其增长自信。让学生在学习中享受成功的乐趣。

　　有了"思维设计"的赋能,我对课堂的生成更有信心,学生的活动更加充分,也得到了更多的思维训练,为解决问题贡献智慧的学生更多了,老师在课堂上也深受感染,更能激发学生的应用意识和创新意识。

调皮的小闹钟

青岛市崂山区麦岛小学　　刘佳

教学示例

调皮的小闹钟
管弦乐
(美)安德森曲

1.当乐曲中小闹钟的铃声响起时,跟着敲一敲。
2.乐曲中的铃声是用什么乐器演奏的?是怎样演奏的?

(选自义务教育教科书,教育科学出版社,《音乐》,五年级下册)

教学内容

《音乐》（教科版）五年级下册第八单元"调皮的小闹钟"。

教材分析

《调皮的小闹钟》是一首描绘性非常强的管弦乐小品，由美国指挥家、作曲家安德森创作。乐曲共二分四十秒，为 C 大调、4/4 拍，中庸的快板。全曲采用回旋曲式，第一主题旋律在全曲中出现了三次，第二主题以舒缓的旋律呈现，而第四乐段音高与力度的加强与前面两段旋律构成了对比。

学情分析

小学五年级的学生，他们的生活范围和认知领域进一步扩展，体验感受与探索创造的活动能力都有所增强。在音乐学习活动中除了应基本掌握歌曲演唱的基本能力之外，还应该具备对欣赏曲的欣赏能力，学会如何去欣赏，从音乐的哪方面去欣赏，从而全面提升高年级学生对音乐这一学科的综合素质的提高。

教学目标 （重点★ 难点▲）

蕴含情感
学生参与体验实践活动，激发学生聆听音乐的兴趣，培养学生聆听音乐的习惯，学会关注生活、热爱生活、表现生活。

获取知识

1. 了解作者及音乐出处；

2. 了解回旋曲式的含义及结构；

3. ★把握各音乐主题的情绪，并根据音乐的特点，展开丰富的音乐形象的联想及表现；

4. 记住曲名《调皮的小闹钟》。

提升能力

1. ★▲能对主题音乐进行记忆，并能借助节奏、速度、力度等音乐要素的变化，区分音乐形象。

2. ▲能听辨音乐段落，用不同形式表现音乐。

3. 了解回旋曲式，并借助熟悉的音乐作品初步尝试创作回旋曲。

教学准备

多媒体课件、钢琴。

过程与方法

一、导入

1. 交流有关闹钟的话题

师：同学们，今天的音乐课老师给大家带来了一个生活中的好伙伴，看——闹钟（出示实物）。

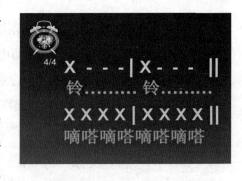

2. 聆听主题并以音乐方式表现闹钟的声音

师：有一位音乐家就是从闹钟富有节奏的音响中获得灵感，创作了一首有趣的音乐，下面让我们来听听吧，看你是否能从中听到闹钟的各种声音，你可以用动作来表现一下。（初听有特点的段落）

嵌入设计思维工具意图：音乐来源于生活，借助设计思维工具"头脑风暴"，从闹钟到音乐，产生跨领域的联觉。以生活话题及实物引发学生对音乐的思考能直接地拉近生活与音乐的距离，从闹钟的上弦声、指针声及闹铃声入手，让学生发现闹钟与音乐中音的长短的联系，唤醒、激发学生学习的欲望。

二、授新

（一）欣赏第一主题

1. 听辨第一主题及织体、节奏

师：小闹钟在熟睡的主人面前走过来走过去，让我们在音乐中找一找小闹钟嘀嗒嘀嗒的

脚步吧。（A主题）

嵌入设计思维工具意图：音乐学科以情感、态度、价值观为第一教学目标，借助设计思维工具"情景故事法"，引导学生走近音乐的故事世界，身临其境地体会不同音乐形象的音乐特点。（1）情境创设，无形中感知乐句的变化；（2）对比聆听，培养学生从多个角度聆听音乐的方法，并达到多遍聆听主题旋律的目的。用生活创境的方式，自然地引导学生聆听作品。在这个过程中激发学生的联想、想象能力。

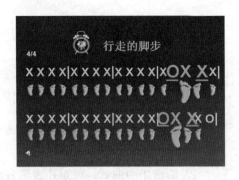

2. 揭示课题（调皮的小闹钟），聆听并寻找变化步伐

师：作曲家笔下的它今天变成了一个"调皮的小闹钟"（出示课题），那音乐究竟在每一行的什么位置发生了变化让小闹钟调皮了起来？A主题。

同学们（弹舌）来表现有规律的脚步，老师加上变化的脚步和你们配合。A主题两遍。

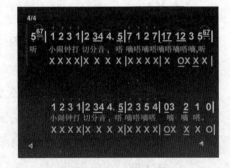

3. 讲解切分节奏

师：知道吗？它这种变化的脚步，在音乐中有个名字叫"切分节奏"……

4. 演唱主题

师：让我们和它一起唱一唱吧。

5. 表现主题

师：请这边的同学继续快乐地演唱，这边的同学用弹舌进行快乐步伐……

嵌入设计思维工具意图：在夜晚的情景中，利用设计思维工具"世界咖啡"，集思广益，为主题旋律创设情景歌词，在组内和组间的交流中编创出适合的情景歌词，并进行演唱。朗朗上口的歌词演唱必将会增加学生的学习兴趣，对于学生理解和记忆音乐同样大有裨益。这里要注意的是：歌词的加入不能增加欣赏的难度；其次要朗朗上口，简单、易操作；歌词的创编要符合乐曲的意境。

（二）欣赏插补及全曲

1. 全曲中回顾第一主题

师：下面我们再来完整地聆听乐曲，当你听到调皮的小闹钟边走边唱的音乐时你可以用（弹舌）或歌声来表示。

2. 听辨乐曲曲式，感知并表现各段音乐形象

（1）对尾声的感受

师：你们有没有发现，乐曲的尾声出现了一个夸张的音效，试想一下发生了什么事，小闹钟它……？

生：……

（2）C主题

师：让我们听一听闹钟连续地打了几次铃？这段音乐在力度和音高方面与边走边唱的那段音乐有什么不同？C主题。

生：4次。力度变强了，音高跳跃更大了。

师：那么在打铃的同时加个什么词让主人醒得快点？

生："快起床……"（三角铁伴奏）

（3）B主题

听B主题。

师：它这时的心情是怎样的？ 生：很悠闲，在休息……

（4）小结曲式结构

3. 表现全曲

师：乐曲整个顺序是ABACA，像这样结构的乐曲我们把它叫做回旋曲。

师：让我们按着音乐的顺序完整地表现这首乐曲（指着图示）……

嵌入设计思维工具意图：本课整体聆听乐曲时，利用设计思维工具"角色扮演"，通过表现，让学生体验了——调皮的小闹钟、悠闲的小闹钟、催人早起的小闹钟等形象；通过设计思维工具"头脑风暴"利用板贴的方式，形成回旋曲的概念模型，帮助学生听音乐、伴随音乐进行活动，即划分乐段、曲式结构，记忆乐曲主题旋律，体验乐曲的整体情感。

在表现中，应力求多元化，由浅入深、由简到繁，让学生在合作表现中加深并丰富对作品的感受、记忆和理解。从而达到乐听—听会—会听的目的。

三、拓展创作

1. 了解作者与音乐体裁

如果作者能够看到你们的表现,一定很高兴,他究竟是谁呢?（出示课件)美国安德森先生。

分别聆听《打字机》《跳圆舞曲的小猫》,感受作家的不同作品。

2. 师生合作尝试创作回旋曲

现在我们请闪烁的小星(点课件)为这个美妙而有趣的夜晚再增添点色彩。会唱吗?练一练。嗯,唱得真不错。

师:如果我们要创作一首回旋曲。将这段欢快的主
旋律作为 A,那它至少要出现几次?

师:那还缺少……B 段……C 段。

师:B 我们来选一首?

生:《摇篮曲》。

师:来唱一唱。

师:好,有了 A 和 B……C 段老师来唱。

师:让我们用熟悉的歌曲,来演绎这首小星星回旋曲吧。

嵌入设计思维工具意图:本课最大的亮点是教师与同学共同合作创编的小星星回旋曲。利用设计思维工具"KANO 模型",借助前面对回旋曲式的理解,通过模型分析,思考如何用熟悉的歌曲编创出一首新的小星星回旋曲,并在师生的共同努力下将编创的结果呈现出来。这一环节的主要目的是为了知识的深化和记忆——回旋曲;对创编能力的一种实践;对合作意识的一种提升,生生合作、师生合作;在合作的过程当中进行情感的互动。整个过程就是一个围绕着三维目标的再现,将整节课推向了高潮,对整堂课的教学做了最好的总结和升华。

四、小结

师:好听吗? 这是我们共同完成的,让我们记住小星星回旋曲;记住安德森先生,记住他

所创作的《调皮的小闹钟》。

教学反思

本课从学生的兴趣出发,整节课在情景教学中,借助设计思维工具,不仅提供了理论支撑,更让教学方法与教学内容有机结合,为整节课的教学活动保驾护航。

本课教学就是在情境中聆听——表现——演唱——体验——创编的一个过程。反思这节课,由于教学目标难易设计合理,教学内容注重趣味性,让学生体验了——调皮的小闹钟、悠闲的小闹钟、催人早起的小闹钟等形象;利用板贴的方式帮助学生听音乐、伴随音乐进行活动,即划分乐段、曲式结构,记忆乐曲主题旋律;给主题旋律配以恰当的歌词,等等。每种教学设计都使学生参与音乐活动的积极性大增,知识拓展更使学生的兴趣上升至最高点,同时激起学生对乐曲乐段的深刻记忆,真正做到培养学生能力与关注兴趣的有机融合;朗朗上口的歌词演唱必将会增加学生的学习兴趣,对于学生理解和记忆音乐同样大有裨益;而本课最大的亮点是教师与学生共同合作创编小星星回旋曲,其将整节课推向了高潮,对整堂课的教学做了最好的总结和升华。整节课都充分地关注了学生,发挥、调动了高年级学生的想象力、创造力和参与意识,使教学层层深入,一步步推向高潮。整节课在轻松的氛围下和学生思想的火花不断碰撞,千姿百态的动作、个性迥异的设想如泉涌一般迸发而出。以上环节借助了"情景故事法""世界咖啡""角色扮演""头脑风暴""KANO 模型"等设计思维工具。

德国教育家蒂斯多惠说过:"教学的艺术不在于传授知识的本领,而在于激励、唤醒、鼓舞。"我们在教学中要以学生为主体,并根据学生学习的情况调整自己的教学,充分调动学生的兴奋感与成功感,运用设计思维工具在说、听、唱、做、想、编等多项音乐活动中,把学生从简单低级的趣味阶段,引向求知的乐趣上,锤炼了意志、提高了素质,也使课有了成长性。

Are you sad?

青岛市崂山区麦岛小学 王光萍

教学示例

（选自义务教育教科书，外语教学与研究出版社，《新标准英语》，一年级起点五年级上册）

教学内容

《新标准英语》（外研版）一年级起点五年级上册：Module 9　Unit 1　Are you sad?

教材分析

本课的话题是谈论感受。课文情境是 Lingling 表情严肃地坐在房间里，Amy 问 Lingling 怎么了，问她是否难过，Lingling 说不是。Amy 又问 Lingling 是生气了还是感到无聊，愿不愿意玩洋娃娃，Lingling 都给了否定答案。她说是在考虑问题，这是一个秘密。好奇的 Amy 央求 Lingling 告诉她。Lingling 最后告诉了 Amy 在想送给 Amy 一个什么样的圣诞礼物。Amy 知道后很感动。本课是一篇比较容易理解的文本，情感体验比较丰富，包含的新知识和难点并不多，词汇和语言结构不难，教师需要利用更多的教学资源和教学方式为学生提供综合运用语言的机会。

学情分析

学生已经经过四年多的英语学习，基本养成了较好的英语学习习惯，具备了听、说、读及简单写话的能力，对于本课所涉及的主要内容，之前都有学习或渗透，大部分学生能够掌握关于感受类词汇的表达，对于围绕此主题进行更多更高层面的语言交流还需教师引导。同时，大部分学生的思维较为活跃，想象力比较丰富，这也是利用部分设计思维工具进行授课的基础。

教学目标

1. 通过图片、实物、视频等呈现方式，学生能够整体感知、理解和朗读文本内容，理解并运用相关词汇 sad, bored, angry, happy, nothing, think。

2. 通过观察和谈论图片以及互动交流，能够认读、理解和运用重点句 Are you sad? No, I'm not. What's the matter? Nothing.

3. 通过选择不同的情境进行对话练习，提高语用能力；通过拓展阅读，提高学生思维发散、获取信息、自主探究和合作学习的能力。

4. 关心并体察他人感受，别人遇到困难时能主动提供帮助，提高用英语做事情的能力。

教学重点

运用形容词谈论感受，会提问并能回答此刻的状态。

教学难点

利用"九宫格""头脑风暴""What Why How""故事法"等设计思维工具，加强学生的思维训练，对表达感受的词汇进行总结、使用和拓展。

教学准备

多媒体课件、CD-ROM、书、卡片、图片。

教学过程

一、Warming up

1. Sing a song：《You are happy》.

2. Organize the students to have a free talk.

Are you cold?

Are you happy?

Show the different feelings and practise in groups.

本节课的主题是 feelings，所以在此嵌入设计思维工具"九宫格"，将主题词 feelings 放置到九宫格中间，每个小组一张九宫格图片，鼓励组内学生快速搜罗和整理之前学过的词汇，将九宫格补充完成，并进行问答练习。

工具使用：九宫格

	Feelings	

happy	hungry	cold
sad	Feelings	hot
angry	thirsty	cool

嵌入设计思维工作的意图

在未使用设计思维工具之前，关于 feelings 的话题，可能是老师直接给予单词或图片，学生进行练习，属于接受性的学习；而利用设计思维工具"九宫格"，老师在每个小组中放置了一个九宫格，让学生讨论着往上填词，并互问互答，学生通过情感体验，调取知识储备，老师引导学生多角度思维。初步将关于"Feelings"的单词进行呈现，为新课的开始做好铺垫。同时，利用此种形式导入新课，激发学生学习兴趣、欲望和热情。

3. Show the picture of P50 and have a talk with students.

Why is the dog sad and happy?

Because the boy cares about the dog.

Listen and imitate.

二、**Presentation**

1. Show the pictures of Lingling and guide the students to ask with：Are you ...？

Then watch the CD-ROM，and find the answer：

Yes，I am.

No，I'm not.

2. Ask the question:So what's the matter?

Watch the CD-ROM again,and find the answer:

Nothing. I'm thinking.

Explain "nothing".

Read "think".

3. Show the question:What is Lingling thinking?

I'm going to make you a surprise present for Christmas!

Why is she thinking that question?

Lingling shows her thanks to Amy.

Amy cares about Lingling.

三、Practice

1. Listen and imitate.

2. Fill in the blanks.

四、Consolidation and extension

1. Have a guessing game.

Guess the feelings.

Encourage students to guess the reasons.

工具使用：What Why

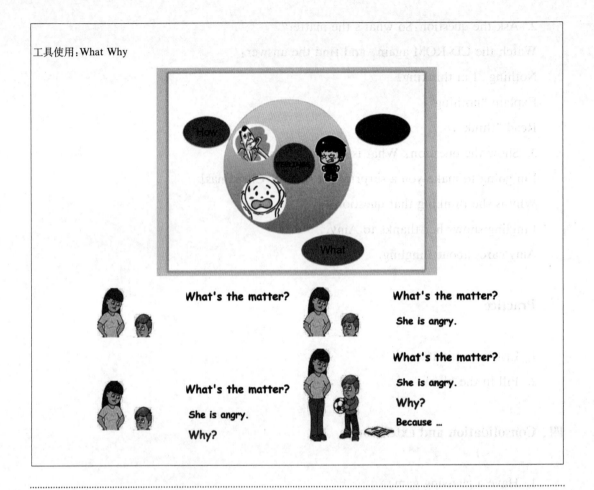

嵌入设计思维工具的意图

　　利用猜的游戏进行语言操练，首先看图猜测某人的情绪，What is her/his feeling? 然后猜测产生这种情绪的原因，Why does he/she feel …? 这就是利用了设计思维工具"what why"。没有利用工具之前，老师直接出示图片，进行句型操练，学生的思维是受限制的，他们也无法进行大量语言输出练习，而使用此工具后，基于文本的主要语言结构，让学生的思维更加活跃和开阔，同时对于学生的语言知识和能力也是一个综合训练和提升。

2. Make a dialog with pictures and structures in pairs.

3. Discuss in groups：

How should we do when our friends have different feelings?

老师给予学生一个范例和语言支架,让他们根据支架进行语言使用。

T:Sometimes my friend is sad. I am going to sing a song for her.

Ss:Sometime my friend is _____, I am going to _____.

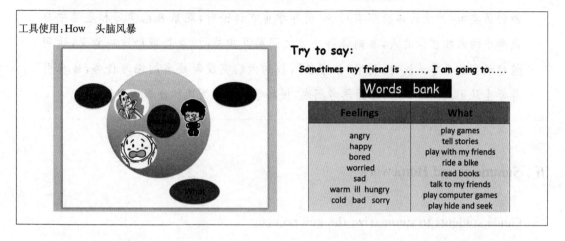

嵌入设计思维工具的意图

当我们的朋友产生了不同的情绪,我们应该如何去做呢?这种"共情"活动,融合了设计思维工具里的"How"以及头脑风暴,我们怎样去站在别人的角度考虑问题,寻求解决的办法。既有语言目标的实现和发展,又升华了情感目标。而如果没有此种工具的嵌入,英语语言工具性和人文性相统一的体现就欠缺一点。

4. Read a book with the teacher.

Read the story, then encourage students to make a new story with their partners.

嵌入设计思维工具的意图

    故事《Understand and care》里讲述的情绪和情感方面的内容与学生的一些生活经历类似,情绪的体验都有巧合,引导学生在讨论时,联系自己学习和生活中与故事中的人物相似的人,深刻体会朋友之间要互相关心、互相帮助这一意义,达到情感教育的升华。同时,利用"故事法",鼓励他们完成新故事的编写任务,逐步引导学生从不同角度、不同层面思考问题,提高学生自主阅读和语言输出的能力。

五、Summary and Homework

Guide students to summarize the key points.

Homework：

1. Listen and read the dialogue.

2. Make and act the new dialogue in groups.

Read the book《Understand and care》.

板书设计

Module 9 Unit 1　Are you sad?

Are you sad?

No，I'm not.

What's the matter?

Nothing.

教学反思

2020 年夏天,有幸参加了华东师范大学开放教育学院组织的为期三天的"设计思维——STEM 教育不可或缺的使能方法论"培训,让我们真正领略了一次头脑风暴。其实,与其说这种跨界的培训目的是让我们给学生打开一扇思维的天窗,不如说它先让我们的眼界开阔了,思维活跃了。无论对于学科教学还是教学研究来说,都是一次既有情趣又有深度的培训。

作为一门语言类学科,英语学习重在语言表达与运用,可能对于学习研究内容、项目式任务的完成,不如其他学科能凸显得那么淋漓尽致,但我觉得设计思维工具对于英语教学来说,是一种非常有效的方式和手段,对于语言能力的提升、思维品质的形成都能起到推动作用。

抱着试试看的心理,完成了这节课,其实内心是很兴奋的。因为,在培训的时候,我心里总是排斥,觉得这种设计思维工具只适合诸如科学、综合实践活动这些探究性学习的学科。可是后来在备课中,我发现它把我的思路打开了。无论是词汇的拓展,文本的延伸,语言结构的运用,思维的发散,它都起到了支架和桥梁的作用。"九宫格"不但复现了我们学过的许多关于情绪和感觉的词汇,而且还能帮助学生将词汇分类;"What Why How"给学生提供了更多的思维空间,拥有了更多语言操练的情境和机会;"头脑风暴"也是尽可能地调动了学生的知识储备,进行了大量有效的语言输出;"故事法"则是让学生走入文本,再走出文本,完成了主题意义的升华。

通过这次"思维设计"的赋能,我想我对于英语课堂变革也有了浅显的认识,我们将设计思维工具嵌入到教学中,给予了学生语言活动的大量支持,学生也得到了更多的思维训练,推动了他们语言知识与技能以及英语学科素养的提升。

爱护眼睛,保护视力

青岛市崂山区麦岛小学　闫温霞

教学示例

(选自:部编版人教版《语文》,四年级上册)

教学内容

《语文》(部编版)四年级上册第三单元口语交际：爱护眼睛，保护视力。

教材分析

本次口语交际的主要内容是让我们了解班上同学的视力情况，分析影响视力的原因以及如何保护视力的方法。本次口语交际的目的是锻炼学生语言表达的能力和学习保护视力的有效方法。

本课教学教师运用了设计思维的工具与方法，突破了常规的教学模式，课堂中人人参与交流讨论，调动学生学习的积极性，让学生通过多种思维工具，在思维的交流碰撞中口语交际能力得到提升。

学情分析

眼睛是心灵的窗户，但随着物质生活水平的逐步提高，学生所接触的高科技东西也越来越多，用眼大大超过了规定的时间。怎样让学生拥有一双明亮、美丽的眼睛，我们教师处于一个很重要的位置，不但要教学生关于爱护眼睛的知识，而且还要培养他们一种自我保养的责任感，让他们知道在日常学习、生活中如何爱护眼睛，保护视力，预防眼病和近视。

教学目标

1. 指导学生认识到眼睛的重要作用和保护眼睛的方法。
2. 在口语交际中，学会倾听、表达和交流，提高口语交际能力。
3. 通过使用思维工具，培训学生搜集资料、分析、归纳、总结的能力。

教学重点

通过交流怎样保护眼睛，培养学生的口头表达能力。

教学难点

通过运用思维工具，营造学生想说、乐说、会说、敢说的氛围。

教学准备

多媒体课件、大白纸、书、便利贴、马克笔。

教学过程

一、出示问卷调查导入新课

通过问卷星搜集学生视力情况，让学生透过数据知道班级的视力现状，接着出示几组图片，让学生联系生活实际，通过图片判断对错，进一步激发学生对于保护视力的研究的兴趣。

二、讨论交流、学习新课

1. 讨论交流影响视力的原因

通过以上数据可以看出现在学生视力情况令人堪忧，接下来分小组讨论分析影响视力的原因，每个小组拿出提前准备的大白纸、马克笔，通过小组讨论合作，在大白纸上画出九宫格，并将原因分别填写在九宫格中。小组讨论时，教师提出注意说话的音量，避免干扰其他小组。讨论结束后各小组上台展示各组的九宫格并讲解。

嵌入设计思维工具的意图

在分析"影响视力原因"这一环节中，突破原来的课堂小组讨论方式，教师引入设计思维工具"九宫格法"，将"影响原因"这个主题写在九宫格的中心，让学生充分地交流讨论、思想碰撞，从各维度找出相关原因并填写在其他方格当中。在探究过程中,有了九宫格的引导,大家的讨论比之前的单纯性的小组讨论交流更加有效,充分发表自己对此问题的看法,而且充分调动学生对影响视力有关的多维度联想,发散学生思维,更有效激发学生的学习兴趣。

2. 合作交流,提出有效建议

通过上一环节影响视力的原因的讨论,进一步交流如何保护视力。接下来通过引入思维工具"头脑风暴法"展开各小组的讨论,每个小组分别设小主持人一名,记录员一名,由主持人负责组织本小组的讨论活动,记录员将本小组的讨论成果——记录到大白纸上。讨论交流之后各组的主持人负责上台展示汇报本小组讨论成果。

嵌入设计思维工具的意图

在"提出有效建议"这一环节中,教师引入设计思维工具"头脑风暴法"。相较之前课堂上单一的讨论交流方式,学生在不受任何限制的气氛中更能自由讨论,打破常规,积极思考,畅所欲言,最大限度地发挥创造性思维能力,这样学生很自然就展示了自己的口语能力,学到的交际知识和方法也能很好地迁移运用。

三、活动总结

本环节的活动总结采用为保护视力设计宣传标语的形式展开。学生将自己想到的保护视力标语写在便利贴上,上台说出自己的标语并粘在黑板上。

板书设计

原因分析⇦爱护眼睛,保护视力⇨有效建议

教学反思

本节课的口语交际通过引入"九宫格法"和"头脑风暴法"两种思维工具,打破原有的教学模式,将学生从单调的课堂环境中解放出来,真正地调动了学生课堂学习的积极性,每个学生都能以极大的热情积极投入讨论活动中。学生在课堂上不仅能够积极思考,畅所欲言,更能从讨论中学习到保护视力的有效方法,达到了口语交际的教学目标。

参考文献

［1］蒂姆·布朗.IDEO,设计改变一切［M］.沈阳:万卷出版公司,2011:36.

［2］车文博.当代西方心理学新词典［M］.长春:吉林人民出版社,2001:10.

［3］刘永生.拥有同理心你会更智慧［J］.家庭医药·快乐养生,2017(6).

［4］关爱老年人的餐具 Eatwell［J］.学苑创造(7—9 年级阅读),2015(3).

［5］人人都是产品经理.重新设计汽车仪表盘:如何解决司机焦虑?(二)［EB/OL］.［2016 - 12 - 21］.https:∥www.leiphone.com/news/201612/2rJHcBiqVHhTGkGn.html.

［6］吴小杰,刘志军.可口可乐公司的瓶装财富密码［J］.法律与生活,2017(13).

［7］柳禄,钱筱琳,朱思晴.基于剧本导引法的电动绿篱机创新设计［J］.机械设计,2016(11):110 - 113.

［8］涂海丽,唐晓波.微信功能需求的 KANO 模型分析［J］.情报杂志,2015(5):174 - 179.

［9］Design Thinking Bootleg — Stanford d.school［EB/OL］.［2018 - 03 - 13］.https:∥dschool.stanford.edu/resources/the-bootcamp-bootleg.

［10］ONES Piece.How Might We? 顶尖创新公司的"秘密暗号"［EB/OL］.［2016 - 03 - 31］.https:∥zhuanlan.zhihu.com/p/20691135? refer = onespiece.

［11］艾特小马达.需求分析——用 HMW 分析法需求［EB/OL］.［2018 - 03 - 12］.https:∥new.qq.com/omn/20180312/20180312G13N9H.html.

［12］Mr 汤进 er.如何高效地进行"头脑风暴/Brain-storming"［EB/OL］.［2017 - 02 - 26］.https:∥zhuanlan.zhihu.com/p/25444586.

［13］戴力农.设计调研［M］.北京:电子工业出版社,2014.

［14］易炜 BruceYee.【结构化思维】以终为始的工具:曼陀罗九宫格［EB/OL］.［2014 - 07 - 28］.http:∥blog.sina.com.cn/s/blog_62f256ba0102uxwi.html.

［15］韩博.TRIZ 理论中最终理想解的应用研究［J］.科技创新与品牌,2015(2):76 - 78.

［16］杨清亮.发明是这样诞生的:TRIZ 理论全接触［M］.北京:机械工业出版社,2006.

［17］truelie.SDtool - 8:故事板 Storyboard and Storytelling［EB/OL］.［2019 - 01 - 08］.

　　　　https：//www.jianshu.com/p/babcba8b6ee6.

[18] 黄翰宇.产品经理培训[EB/OL].[2016-07-11].https：//wenku.baidu.com/view/
　　　　c3e1bb46284ac850ac024208.html.

[19] 黄天文.引爆用户增长[M].北京：机械工业出版社,2017.

[20] yang,Shirley.一份用户访谈操作指南[EB/OL].[2017-10-09].http：//www.
　　　　91experience.com/4853.html.

[21] 郝志中.用户力：需求驱动的产品、运营和商业模式[J].中国房地产,2016(5).

[22] 高振奎.网络时代新华书店发展战略研究[J].中外企业家,2010(4)：156-157.

[23] truelie.SDtool-5：服务蓝图 Service Blueprint[EB/OL].[2019-01-05].https：//
　　　　www.jianshu.com/p/6325c4805bc3.

[24] 刘大大.如何通过商业模式画布梳理你的商业模式？[EB/OL].[2017-02-17].
　　　　https：//zhuanlan.zhihu.com/p/25291450.

[25] 幽忆学堂.编故事串联记词语,有趣又好记！[EB/OL].[2017-02-21].http：//
　　　　www.51xianjinliu.com/rsgs/yyxt/1919.html.

[26] 自在乐读.IMC佳作赏析：台湾统一面小时光面馆[EB/OL].[2016-02-21].https：//
　　　　www.sohu.com/a/59849169_384107.